だいわ文庫

「人たらし」のブラック心理術

初対面で100%好感を持たせる方法

内藤誼人

大和書房

はじめに

本書は、「人たらし」になるための実践的なマニュアルである。「人たらし」という言葉を試みに手元の辞書で引いてみると、欺《あざむ》きとか、欺瞞《ぎまん》とか、偽善《ぎぜん》とか、ウソとか、不正直などと、ロクな意味が出てこない。しかし本書では、「人たらし」という言葉を、もっと肯定的なものとして使いたいと思う。

本書の基本スタンスは、〝人をたらしこむのは絶対にいいことだ〟ということである。なぜか。その理由は単純で、人たらしな行為をしてあげれば、相手が喜んでくれるからである。相手が喜んでくれることを、わざわざやってあげるわけだから、非難されたり、後ろ指をさされるようなことは、何もないはずだ。「人たらし」でけっこう。誰にも負けない「人たらし」になろう！　そんな気持ちで、筆者は大まじめに本書を執筆した。

考えてみると、「人たらし」な行為は、大なり小なり、誰でもやっているのである。

読者のみなさんは、上司をおだてたり、お世辞《せじ》を言ってあげたり、取引先担当者のつまらない世間話に付き合ってあげたり、部下にウソをついたりしているのではないだろうか。そう、こういうことは、大人なら誰でもやっている。

「人たらし」の技術とは、いわば、社会人としての必須《ひっす》スキルなのであって、全然悪いことなどではないのである。

本書のタイトルには、「ブラック心理術」という言葉が使ってあるが、決して悪いことではない、とあらかじめ念を押しておきたい。人間関係を円滑《えんかつ》にしようと思ったら、「人たらし」になるのは、あたりまえのことなのだ。

人たらしが上手にできるようになると、読者のみなさんには、はっきりと目に見える形で利益を享受《きょうじゅ》できるようになる。そのひとつが、他人に好かれることだ。これは、非常に気持ちのいいことである。考えてみてほしい。出会う人すべてが、あなたの〝熱狂的なファン〟になってしまうのだから、これは、かなり気持ちのいいことだ。

あなたが「人たらし」の技術を身につければ、上司との付き合いが苦にならなくなる。なぜなら、あなたはカワイイ部下だからだ。あなたが上司なら、部下に陰口をたたかれることもなくなる。なぜなら、あなたは愛すべき上司なのだから。筆者は、

「人たらし」の技術を駆使《くし》して、読者のみなさんが誰からも愛される人生を送ってくれることを、心から希望している。

話は変わるが、アマンダ・ベネットという米国経済学者が、ＧＤＰ（国内総生産）における「コミュニケーション・スキル」の割合がどれくらいなのかを試算してみたことがある。人間関係の能力が、どれくらいビジネスに寄与しているのかを調べたものであるが、この試算によると、なんと米国ＧＤＰの26％（！）が、コミュニケーション・スキルが生み出すものであったという。人間関係を円滑にすることは、ビジネスに大いに関係があるのである。本書で紹介する「人たらし」の技術は、どんな業種の人にとっても、大いに益するところがあるはずだ。

どんどん人たらしになろう。会う人すべてに、爽《さわ》やかな印象を感じさせてあげよう。「あの人は、なんていい人なんだ！」と感心してもらえるような人になろう。そのための心理学の法則を、読者のみなさんにだけ、こっそりとお教えする。大丈夫。筆者に、まかせてほしい。

あなたがどんな人であれ、絶対に魅力的な人間にさせる自信が筆者にはあるからだ。

「人たらし」のブラック心理術……〈目次〉

第2章  会う人"すべて"に100%好印象を抱かせる方法

第3章 人間関係の〃危機的状況〃をうまく乗り越える心理技法

第4章 職場の雰囲気をガラリと変えるテクニック

第5章 人を惹きつける「会話力」の磨き方

第6章 人と「議論」するときに気をつけたいポイント

第7章 ワンランク上の「人たらし」を目指すために

「人たらし」のブラック心理術

初対面で100%好感を持たせる方法

第1章

人たらしになるための基本ルール

「人たらし」イコール「頭がいい」の図式で考えてみる

「人たらし」という言葉には、欺《あざむ》く、誑《たぶら》かす、操作、欺瞞《ぎまん》、偽善《ぎぜん》、ウソ、騙《だま》す、詐欺《さぎ》、不正直、などなどおよそ悪い意味ばかりがつきまとっている。

だが、少し視点を変えてみよう。こういう行為ができるということは、〝頭がいい〟ということではないだろうか。**人を上手に騙すためには、知性がなければならない。**つまり、「人たらし」ができる人とは、「頭がいい人」という意味なのだ。人たらしの技術を身につけるということは、賢《かしこ》さを身につけることでもあるのだ。

「こんなことを言ってあげれば、きっと、この人は喜ぶだろうな……」

という洞察力《どうさつりょく》を身につけることは、対人関係をスムーズにするための秘訣《ひけつ》である。

こういう洞察力は、知性にほかならない。知性のない人は、人たらしになろうとしても、うまくできないのだ。

頭の悪い人は、場の空気が読めない。相手の心を推測できない。だから、自分勝手なふるまいばかりをやって、煙《けむ》たがられるのである。その点、「どうすれば相手に喜んでもらえるのか」ということを、本気で考えているような頭のいい人間は、どんな人からも受け入れてもらえる。

人たらしになろうと思ったら、それこそ他人の2倍も3倍も頭を使わなければならない。先を読んで動いたり、会話のはしばしから、相手が望んでいることを見抜いたりしなければならないので、ぼんやりしているわけにはいかないのだ。

人に好かれるための知性のことを、心理学者たちは〝社会的知性〟という言葉で呼んでいる。**人に好かれるかどうかは、知性と関連しているのだ。**人たらしになれ、ということを、かっこよく心理学的に表現するなら、「社会的知性を高めよう」となる。人たらしになるのは、全然悪いことではなくて、むしろ賢い大人になるための秘訣なのである。この点を、十分理解してほしい。

どうしてこんな面倒くさい話をしているのかというと、多くの読者の頭の中には、「人たらしはよくないこと」という信念がこびりついているからだ。小さい頃からの道徳やら教育によって、「ウソをついてはいけません」といったことを、多くの人は学習してしまう。そのため、筆者が、「戦略的にウソをつくのが、賢い人間なのです」とアドバイスしても、たいていの人は、生理的に抵抗を起こすのである。

「ウソはよくない」とか「偽善的になってはいけない」という信念を頭に残したままだと、本書で提唱するような「人たらし」の技術を身につけることはできなくなってしまう。そのため、最初に、こういう思い込みをなくしてほしいのだ。

まずは頭の中の図式を再構築してほしい。「人たらしになるのは、悪いことではなくて、むしろ、いいことなのだ」と。

筆者はなにも、人を殺せとか、物を盗め、と法律に触れるような反社会的な行為を勧《すす》めているのではない。そうではなくて、自分のホンネをちょっとだけ隠しなさいとか、本心でなくとも、お世辞《せじ》をバンバン言ったほうがいいですよ、と言っているだけなのだ。そして、こういう技術は、みなさんの社会的知性を高めるのに絶対に必要なのである。まずはそのような意識改革をしてもらわないと、話を先に進めることはできなくなってしまうので、特に強調しておきたい。

「人たらしの技術を持っている人ほど、スマートである」

これが筆者の持論であり、この本の一貫したテーマになっている。今のような競争社会においては、スマートな人間ほど生き残ることができ、スマートなふるまいのできない人間は、どんどん淘汰《とうた》されてしまう。

事実、心理学のデータには、「人たらし」の技術を身につけている人ほど、どんどん出世していき、この技術を身につけそびれた人ほど、リストラにあいやすいという報告もあるくらいなのだ。

たとえば、テキサス大学のサム・ゴールド博士たちは、800社5000名のスタッフについての調査をして、**「人たらしほど、給料をたくさんもらえる」**というデータを報告しているし、オーストラリアのメルボルン大学のR・D・アイバーソン博士たちは、**「人たらしほど、リストラされにくい」**という興味深い調査結果を発表している。

「人たらし」にはさまざまなメリットがある。だから、「人たらし＝悪」という図式でなく、「人たらし＝善」という図式で考えてほしいのである。

〝性悪説〟を信じて行動せよ

筆者は、基本的に〝性悪説〟の支持者である。人間の本性は善なのだ、と考える「性善説」は、なんら益をもたらさないばかりか、有害ですらある。性善説を信じたほうが人間関係はうまくいきそうな気もするが、実際には、性悪説にたって物事を考えたほうが、はるかに人間関係はうまくいく。

性善説にたっていると、自分が善であるばかりに、相手からも同じような善意を求めたりして、ロクなことがない。たとえば、次のような発言について考えてみよう。

「俺とお前は10年来の付き合いなんだから、勝手にボールペンを借りたからって、そんなに怒るなよ」

性悪説にたっていると、こういう「甘え」は出てこない。たとえ10年付き合った友人でも、簡単に信頼は失われるものだ、と考える。だからこそ、10年付き合おうが、20年付き合おうが、親切さ、丁寧《ていねい》さ、謙虚《けんきょ》さを忘れない。人の本性が善だと信じていないから、甘えていると危険だと思うのである。性悪説の立場にたつと、いい意味で緊張しつづけるからこそ、いつまでも人たらしでありつづけることができるわけだ。

「人を見たら、盗人《ぬすつと》だと思え」という言葉があるが、そういう気持ちを失わないことが、結果として、緊張を失わないことにつながる。ちょっと親しくなったからといって、なれなれしくなったり、相手をバカにするような冗談《じょうだん》を言わないのが、性悪説の立場なのである。こういう気持ちが、人間関係を円滑《えんかつ》にする。

よく勤続25年のベテラン銀行員や税務署員が、お金を盗むというような記事がニュースになることもあって、「25年も勤めたのに、不思議でなりません」という署長などのコメントが発表されることがある。しかし、人間は放っておくと、すぐに悪いことをしがちであるという立場にたつなら、これはおかしなことでもなんでもない。むしろ、何十年勤めた人であろうが、きちんと監視しておくようなシステムを作っておいたほうが、結果として盗む気持ちを抑《おさ》えることができるのだ。

人間関係というのは、私たちが考えている以上に、脆弱《ぜいじゃく》な基盤から成り立っている。

強固に見える信頼関係だって、見せかけの強さで成り立っている。たとえ、相手が「俺とお前は、本当の友だちだよね」などと言ってきても、それを鵜呑《うの》みにせず、せっせと相手に尽くそうとしたほうが、うまくいくことが多いのである。

スペインのことわざには、「仲直りした友人と、温《あたた》めなおしたスープの肉には気をつけろ」という言葉があるが、いったん関係が崩《くず》れると、なかなかもとの関係には戻れないものである。だからこそ、一度でも、信頼を失わないようにするために、あれこれと気を配《くば》る必要があるのだ。

アメリカ人の夫婦は、しょっちゅうキスをしたり抱きしめあったりしているが、そうやって愛情を見せておかないと、「浮気でもされてしまうかもしれない」と考える。自分の配偶者《はいぐうしゃ》のことを、初めから信頼していないのだ。その点、日本人は、お人好《ひとよ》しが多いというか、「甘え」ているというか、愛情表現などなくとも大丈夫と考えてしまう。どちらがいいというわけではないが、愛情表現でも何でもして、相手に尽くす姿勢を見せて喜ばれたほうが（そして、自分自身も相手に喜ばせてもらったほうが）気持ちがいいだろうな、と筆者は思っている。そしてまた、こういう過剰《かじょう》なサービスは、人たらしのコツでもある。

ロンドン・ビジネス・スクールで組織論を教えるC・ハンディ教授によると、**人に好かれるコツ、信頼されるコツは、「とにかくいろいろなサービスを、何度でもくり返してあげること」であるという。**

一度くらい奉仕してあげても、相手に感謝の気持ちを持ってもらえるとは限らない。性悪説の立場にたてば、人間というのは、生来、他人に感謝しない動物だからである。だからこそ、くり返し、くり返し、何度でも相手が喜ぶことをやりつづけてあげるのがポイントなのである。

「これだけのことをしてやったんだから、大丈夫だろう」と思ってはいけない。性悪説にたって、「これだけのことをしても、まだわからないぞ」と警戒するくらいで、ちょうどいいのだ。

人間関係では、〝細かいこと〟こそ気をつける

部下に向かって「バカヤロー」と怒鳴ってしまったとか、取引先の人物にケンカを吹っかけてしまった、というような重大な問題については、実際のところ、あまり悩む必要はない。なぜなら、こういう重大なことは、誰でもそのうちに気をつけるようになるからである。

人間関係で、もっと気をつけてほしいのは、〝細かいこと〟である。些細《ささい》なことこそ、実は、重大な事件よりも、はるかに重要なのだ。重大なこと、大きなことというのは、自然と、目立つ。そのため、誰でも注意が向くのだが、細かいことはついついおろそかにしがちなのだ。

些細なこと、たとえば、挨拶《あいさつ》をするとか、笑顔を見せることなどは、ともすれば忘

れやすい。小さいことだけに、「ま、いっか」という気持ちになってしまうのである。すぐに返すからといって借りた100円をずっと返さないとか、そういう小さなことを気にする人は、驚くほど少ないのである。

日常生活において、相手に挨拶を忘れたからといって、悩む人はほとんどいないと思うが、本当は、もっと気にしてよいことなのだ。**人たらしになりたいなら、些細な点ほど、敏感になることをオススメする。**

ハーバード大学特別研究員のビル・ナーグラー医学博士によると、私たちの人間関係を破滅に陥《おちい》らせるのは、逆説的なことながら、重大な出来事「ではない」という。

私たちの人間関係を決めるのは、とっくみあいのケンカをしたとか、大切な約束を破ったということではなくて、ビールのお酌《しゃく》をし忘れたとか、電話をすると言ってしなかったとか、皮肉な冗談を言ってしまった、というくらいの非常につまらないことが主な原因なのだそうである。

私たちは、誰でも大きなことばかり注意しようとする。しかし、本当に大切なのは、もっと〝細かい〟ことであることを覚えておいてほしい。とりわけ、「挨拶」は、どんなに注意しても、したりないくらい大切なものである。

「空腹感」は、人間関係をダメにする！

多くの場合、人間関係の問題は、食事によって回避できる。すべてとは言わないが、多くの場合には、食事をとることによって、衝突を回避できるものなのだ。

ハーバード大学のナーグラー博士は、「空腹を満たせば、ケンカの半分は回避できる。ケンカすべき相手は、実は、血糖値なのだ」と述べている。まさにその通りだと筆者も思っている。

私たちは、お腹がすいていると、むしょうに怒りっぽくなる。だから、怒りっぽい相手と議論をする必要があるときなどは、何でもいいから食べてからやったほうがいい。お腹がいっぱいなら、それなりに冷静になってくれるだろう。

お昼前に会議や打ち合わせをすると、「そろそろお昼だな」と思った瞬間に、いきなり意識が会議のテーマとは別のところに流れてしまうことがある。こういう経験は、みなさんにもあるのではなかろうか。お昼や夕飯が近づくと、すべてのことが面倒くさくなってしまったり、不用意に他人に八つ当たりしはじめたりするのである。

状況が許すなら、**怒りっぽい人と話し合いをするときには絶対に何かを食べさせたほうがいい。そうすれば相手は心理的に打ち解けたムードになってくれるからである。**

最近では、交際費を節約する意味で、接待などで食事をともにすることが減ってきているとはいえ、許されるなら、一緒に食事をとろう。これを説得学では、**「ランチョン・テクニック」**と呼んでいる。ビジネス・ランチを一緒にとれば、一気に親密になれるものなのである。

相手に食事を勧められるような状況でないなら、少なくとも、自分だけは軽く何かを食べておこう。空腹だと、誰でもイライラしやすい。それを避けるために、あなただけは食事をしておくのである。

大切な人と会う朝には、しっかりと朝食をとっておく。朝食を抜いて人に会うと、お昼のことが気になって、どうしてもソワソワしてしまう。それが神経質そうなイメージを相手に与えてしまうかもしれない。

シカゴ大学心理学科のクレイトマン博士は、「朝からエンジンをかけたいなら、栄養価の高いものをしっかりとれ。そうすれば、元気が出る」と述べているが、当たり前のことながら、朝食をしっかりとっている人のほうが、パワーとエネルギーに満ち溢《あふ》れて見えるのだ。

筆者の観察によっても、朝食をとらない習慣がある人は、どことなくイライラしているように見える。ほがらかで、のんびりした雰囲気が出せないのだ。せっかちに要点だけを話すように相手に求めたり、すぐに結論を出そうとするなど、せわしない。こういう人物は、会う人すべてに不愉快な思いをさせていることに気づいていないのだろうが、印象評価の上では、かなりのマイナスである。

食事をきちんととっている人は、心に余裕が出てくる。だからこそ、人に会う前には、きちんと食事をとってほしい。お腹がいっぱいなら、元気そうに見えるだけでなく、相手を怒らせることもなくなるだろう。自分自身の心が落ち着いていれば、他人の言動も、ある程度までは、許せるものだからである。

なお、同じことは、食事だけに限らず、睡眠にもいえる。睡眠をしっかりとっておくと、心にゆとりが出てきて、たいていのもめごとは避けられるようになるのだ。

人に恵まれるかどうかは、自分自身が決めるのだと心得る

「俺は、人に恵まれないなぁ」

「どうして、自分の周りには、ロクな人間がいないないんだ！」

このようなことを考えたことはないだろうか。しかし、それは間違えている。**あなたが優《すぐ》れた人間なら、必ず、人に恵まれる。魅力的な人の周りには、やはり、魅力的な人たちが集まる。**もし人に恵まれないのだとしたら、それは自分が悪いのである。運が悪いからでも、なんでもない。

人に恵まれないと嘆《なげ》くタイプは、その人自身が人を惹《ひ》きつけるタイプではないからだ。

まずは人に親切にしよう。魅力的になろうとしていれば、どんどん人脈が広がって、

人に恵まれるはずなのだ。「周りに、ロクなヤツがいない」とか「ダメな部下ばかり集まって困る」と愚痴《ぐち》をこぼす人に限って、自分を磨《みが》くことをしていない。だからこそ、そういうダメな人ばかりが集まってくることがわからないのだ。

コネチカット大学の心理学者バーナード・I・マースタイン博士によると、私たちは、自分と同じような人を無意識的に付き合う相手に選び出すそうである。たとえば、愚痴っぽい人は、やはり愚痴っぽい人を友人、恋人にしてしまう、というように。

マースタイン博士が婚約しているカップル99組を調べたところでは、自己嫌悪感《けんおかん》の強い人の72％が、やはり自己嫌悪感の強いパートナーを選んでいたそうだ。

自分自身がたいしたことがない人間なら、やはり、周囲にはロクでもない人ばかりが集まってくる。同じ性格の人が引き合うからだ。ヤドカリは、自分の体にあわせて貝殻《かいがら》を選ぶというが、人間関係も同じようなものらしい。

人に恵まれないと嘆くのなら、まずは自分自身を変える努力をすればいい。あなたが魅力的になっていけば、どんどん魅力的な人が集まってくる。

ダメな上司のところには、ダメな部下ばかりが集まる。人当たりのいい経営者のところには、やはり人当たりのいい人材が集まる。会社の備品を平気で持ち帰ってしまうような人の周囲には、やはり盗癖《とうへき》のあるような人物がやってくる。不思議なことであるが、**私たちの周囲には、自分とつり合うような人間が集まるのだ。**

素晴らしい上司、部下に恵まれたいと思うなら、まずは自分自身を磨くべきである。不運などを嘆くのは、その後でいい。あなたが変われば、周囲の人の顔ぶれも、自然と変わってくるはずなのだ。

誰が言っていたのか忘れてしまったが、「友だちを見れば、その当人のこともわかる」という言葉がある。これはまさにその通りであって、私たちは、自分と同じようなタイプを友だちにしがちである。せっかちな人の周囲には、やはりせっかちな人が多く、のんびり屋の人が付き合うのは、やはりのんびり屋が多いのだ。

運・不運を嘆いてみたところで、事態は一向に改善しない。人に恵まれるかどうかは、ほかならぬ「自分」が決めるのだ、と認識し、少しでも自分の魅力を高めることに全身全霊を傾けるようにしよう。

何事にも熱中できる人は、人を惹きつける

人たらしになりたいなら、自信をつけなければならない。自分に自信がなくて、ボソボソと小さい声で話すような人、「俺はダメだ……」とか「何をやってもうまくいかない……」というような口癖を持っている人には、誰も近寄ってこないものである。ネガティブな雰囲気が漂っている人は、誰もが敬遠《けいえん》するのだ。

小さなことは笑い飛ばしてしまうような快活な人は、周囲の人を惹きつける。いつでもニコニコしている人ほど、人気者になれる。そのためには、自分の心の中にあるコンプレックスを払拭《ふっしょく》して、「自分大好き人間」にならなければならない。

人たらしになるには、まず自分自身が大好きで、自信たっぷりな雰囲気をプンプン匂わせなければならないのである。

自信を持つためには、長所だけを伸ばそうとすることだ。自分のいいところだけを伸ばす。悪いところは、あえて見ないようにする。長所を最大限に伸ばせば、短所など気にならなくなるものである。

無敗を誇《ほこ》る中国の卓球には、この考えがよく表れている。彼らのバックハンドは弱い。それは誰の目にも明らかだ。ただ中国の選手は、バックハンドを使わないのである。彼らは、来る日も来る日もフォアハンドの練習に明け暮れている。その結果、無敵のフォアハンドが生まれ、負け知らずなのだ。だから自信を持って試合にのぞめるのである。この精神はとても大切だと、筆者は思う。

自信を持つためには、自分の長所だけを伸ばそうとすればいい。探せば、ひとつくらい長所と呼べるものがあるだろう。それに磨きをかけて、最強の武器としてしまうのだ。お酒に詳《くわ》しくなるのもいいし、映画に詳しくなってもいい。身体を鍛《きた》えたり、マラソンをやるのも、自信をつけるにはいい方法だ。ともかく、自分の好きなこと、自分の得意なことに熱中して、のめり込むようにすると、自己嫌悪などどこかに消えてしまうはずだ。もちろん、仕事に熱中するのもいい。

不思議なもので、何かに熱中している人間は、例外なく、魅力的に見える。よく知られているように、私たちは好きなことをしているときに、脳内から快楽ホルモンが分泌《ぶんぴつ》されやすい。快楽ホルモンは、私たちの表情をイキイキとさせたり、肌のツヤをよくする働きをする。楽しいことをしているときの人間は、だから輝いて見えるのだ。

魅力的な顔になりたいなら、自分の好きなことに熱中することだ。自分が好きなことを話題にすれば、他人にも面白おかしく話すこともできる。なにせ、自分が心から好きなことなのだから。

付け焼刃《やきば》のネタを仕込んだところで、他人に面白く聞かせることはできないが、自分自身が面白いと感じていることなら、相手だって、面白く聞いてくれるものである。かくいう筆者は、心理学関係の面白いネタをたくさん知っているが、自分が面白いと思って勉強したことなので、楽しく語ることができる、というわけである。

口より先に行動で示す

最近、やたらに口先だけの人が増えている。口先でかっこいいことを言っておきながら、自分では何の行動も起こさないのだ。

人たらしになりたかったら、腰の重い人間になってはいけない。口先だけの人間が、他人に信頼されることはない。行動できる人間になろう。「行動で見せる」というのは、今も昔も、人たらしの最高のテクニックなのだ。

たとえば、若い女性の中には、「トイレが汚《きたな》い会社はイヤね」などと言いながら、自分では何もしない人がいる。トイレが汚いのがイヤなら、自分で掃除をすればいいのだ。それをしないで、ただ口先で文句を言っているだけでは、人を惹きつけることはできない。たいてい、こういう女性社員は人気がない。

オフィスのゴミなども、何も言わずに、ささっと掃除できる人は、大変に印象がよい。**「誰も見ていない」ように思われるところでも、絶対に誰かが見ていてくれるものだし、「あの人はとてもいい人よ」という噂《うわさ》を流してくれる**のだから、率先《そっせん》して掃除できるようになろう。

「日本はこのままだとダメになる」と言いながら、何の行動もとらない人もいる。そんなことを言っているヒマがあったら、何か行動を起こしてほしい、と筆者などは思う。口先でいかに政治の腐敗《ふはい》をあげつらっても、だからといって、その当人の立場がよくなるわけでもないのだから。

「環境破壊がどうのこうの……」と論じている人よりは、タバコの吸殻《すいがら》や空き缶などを、サッと拾いあげてゴミ箱に持っていける人のほうが、好感が持てる。なぜなら、この人は「行動」で見せているからだ。

人たらしというのは、行動的である。行動が伴うと、そこには言葉以上の真実味が出てくる。口先で文句を言っていても、あなたの株はあがらない。文句などを言っているよりは、むしろ行動を示そう。そのほうが、ずっとあなたの評価を高める。

「課長、大変な仕事でも、何でも僕に頼んでくださいよ」

と口でアピールするのもけっこうであるが、もっと効果的なのは、上司が何か命じる前に、頼まれていない雑用でも、どんどん片づけてあげることだ。口だけでなく、行動でそれを見せるわけである。

イリノイ大学のS・J・ウェイン博士と、R・C・ライデン博士は、秘書、カウンセラー、プログラマーなどの多様な職種における上司と部下のペアを6ヵ月にわたって調査したことがある。どういう部下ほど、上司のウケがいいのかを調べたわけだ。

この調査を通してわかったことは、上司からのウケがいい部下というのは、コーヒーを持ってきてくれたり、先読みをして仕事を片づけてくれるなどの、〝行動的な部下〟だった、ということである。ほかならぬ〝行動〟によって、自分の好意を上司に示せる部下ほど、好かれていたのである。口先より行動のほうが、ずっと重要だということを示すデータだと言えよう。

真実を言うことが、必ずしも美徳とは限らない

「ウソをついてはいけませんよ」

私たちは、小さな頃から、このような教育を受ける。しかし、これはあくまでもタテマエの道徳であって、現実には、ウソをつくことを身につけたほうがいい。真実を言うことが、必ずしも正しいとは限らないからだ。

正直になってはいけない。ちょっとだけウソをつこう。実のところ、相手は真実を知りたがってはいないのだ。真実を気にする人は、ほとんどいない。だからこそ、少しだけウソをつくようにするのである。何でも正直に言っていればよい、というわけでもないのだ。

Ａ「この企画書どうだろう？」
Ｂ「いいですね」
Ａ「この仕事って楽しいよね」
Ｂ「本当ですね」
Ａ「僕のお土産は、気に入ってくれたかい？」
Ｂ「もちろん！」
Ａ「また今度、飲みに行こうか？」
Ｂ「ぜひ！」

Ｂの返事は、すべてちょっとずつウソをついたものであるが、まったく困ることがないばかりか、Ａを喜ばせているという点では、好印象を持たれるやり方なのだ。

実際問題として考えてみても、相手は、それほど本気で聞いているわけではないのだから、こちらが軽くウソをついても一向に困らない場合がほとんどなのだ。私たちが誰かに質問するとき、本当の気持ちを聞き出そうとするよりは、「ただなんとなく聞いてみただけ」というケースが、けっこう多い。そんな場合に、正直な返事をしなくともよいのである。

心理学のデータを見ると、こういう「ちょっとしたウソ」が得意な人ほど、仲間集団で人気者になれるというデータが報告されている。どうでもいいような世間話や、質問に対しては、ウソをついても困らないのだ。

上手にウソをつく方法を身につけよう。本当のことだけを口にし、ホンネだけをやりあっていたら、社会生活はできなくなるのだ。本当のことを言わなくともいい状況では、どんどんウソをついてやれ、というくらいの軽い気持ちが必要である。

「あそこのお店のソバって、おいしいよね」と上司が言っていたら、「どのへんがおいしいんですか？」などと質問して困らせてはいけない。上司にしろ、はっきりした理由があって、そんなことを言っているわけではないのだ。こういう場合には、「ホントに、おいしいですよ」と安易に同意しておくに限る。心の中では、「フツーのソバだよなぁ？」と思っても、それを口にしてはいけないのである。

ビジネスでは、ホンネを言ったほうがいい場合もあるだろうが、世の中の人間関係では、ちょっとだけウソをつくことを覚えるのが賢いやり方なのだ。

第2章

会う人“すべて”に100％好印象を抱かせる方法

圧倒的な「雑学力」を身につける

ある心理学者が、私たちの頭の中に入っている話題の〝ネタの総量〟を試算してみたことがある。私たちが、どれくらいのネタを他人に話せるのかを調べてみたのだ。

その結果わかったことは、普通、人の頭の中には平均して、20〜30時間分のネタのストックしかないということであった。つまり、ある人と20時間も一緒にいておしゃべりしていたら、ネタがつきてしまうということである。

20時間で会話のネタがつきてしまうものだとすると、それ以降の会話は、すでに聞いた話題に戻ってしまう。そのため、「もう、その話は聞いたんだけどな」と相手を退屈させてしまうことになるのだ。

では、相手を飽《あ》きさせないためには、どうするか。それには、頭の中にあるストックに頼ろうとせず、たえず新しい情報を仕入れる必要がある。私たちの話題のネタには限りがあるわけだから、新しいモノをどんどん仕入れるのである。そうすれば、いつまでも飽きられることがない。

人たらしは、往々にして、圧倒的な雑学力を持っている。「よく知っているなぁ」という雑学を、たくさん仕入れていくのだ。しかも、それを継続する力があるという特徴がある。

一般論としていえば、私たちは、自分の知らないことを聞くのが大好きだから、雑学の量に比例して、その人の魅力は高まっていく。

SF作家のアイザック・アシモフは、「人間は、無用な知識の数が増えることで快感を感じることができる唯一《ゆいいつ》の動物である」という名言を残している。そう、私たちは無用な知識を知るのが楽しいのだ。だからこそ、圧倒的な雑学力を身につけ、それを他人に話して聞かせることができる人は、人に好かれるのである。

筆者は、ここ数年間、雑学力をつけるために、「毎日、1冊の本を読む」というルールを自分に課している。仕事とはまるで関係のない本を、とにかく読んでいる。「1日1冊」というペースはかなりキツいので、仕事が忙しいときには「2日に1

冊」になってしまうこともあるが、それでもどうにかこうにかやっている。このルールを守るために、速読力もかなり身についた。たいていの本なら、きちんと内容をおさえながら1時間以内に確実に読める。

こうして仕入れた雑学は、無論、そのままにしておくわけではない。片っ端から人にしゃべって聞かせている。仕事でお付き合いしている編集者であろうが、雑誌のライターさんであろうが、講演先で知り合った経営者であろうが、ともかく他人におしゃべりして雑学を話している。すると往々にして、「あの先生は、非常な勉強家だ」と感心してもらえるし、何より会話を楽しんでもらえるのだ。

では、どんな種類の雑学がいいのかという話になるわけだが、筆者の経験からすると、**オススメしたいのは、「健康関係の雑学」だ。**私たちは、誰でも自分の健康に興味があるので、健康がらみの雑学なら、たいていは身を乗り出して聞いてくれるはずである。

人たらしは、やはり「顔」である

平凡な顔だちの人には、誠に申し訳ないのだが、ハンサムや美人ほど、やはり人に好かれやすい。心理学のデータを見ると、顔の魅力的な人ほど、好ましい印象を与えることは、ほとんど間違いのないことなのだ。

こんなことは、今さら筆者が指摘しなくとも、みなさんも心のどこかで薄々とは気づいているだろう。「顔がいいほうが、絶対にトク」ということは、誰もが肌身で感じていることに違いない。それくらい「顔」の効果は大きいのだ。

もし、自分の顔がコンプレックスなら、整形でも何でもしたほうがいい。それでコンプレックスを解消できるなら、安いものであるし、やはり顔だちがよくなれば、人に与える印象は段違いによくなるはずだからだ。顔が魅力的であれば、思わぬ役得《やくとく》をすることがある。つまり、ハンサムや美人は、たとえそんなことはなくても、知的に見えるとか、社交的に見えるとか、性格が良さそうに見えるとか、ようするにポジティブな評価を受けやすくなるのである（これをハロー効果と呼ぶ）。黙って座っていれば、勝手に相手が好きになってくれるのだから、これほど都合のいいことはない。

ハンサムや美人ほどモテるのは、動物の世界でも同じらしい。たとえば、サルや馬では毛が美しいものほど、よくモテるそうであるし、孔雀《くじゃく》などでは羽の美しさによって、どれくらい好かれるかが決まるのだという。動物にとって、外見は重要な要素らしいが、それは人間でも例外ではないのだ。

では、平凡な顔の人は、「人たらし」になれないのだろうか。いやいや、そんなに簡単に諦《あきら》める必要はない。実は、**どんな顔の人でも、今よりずっと魅力的に見せるための方法があるのである。それは、〝笑顔〟を作ればいいのだ。**

まったくの無表情や、怒った表情をするより、笑顔を作るようにすると、それが人を惹《ひ》きつける。ポーカーフェイスのハンサムより、よく笑う平凡な顔の人のほうが、ずっと好かれる。したがって、笑顔を味方につければ、「誰でも」魅力的な顔になれるのである。笑顔の簡単な作り方については、次に紹介しよう。

発言の終わりには、必ず「イ」をつける気持ちでしゃべる

　筆者は中学時代に剣道部に所属していたのだが、同じ剣道部に、誰からも好かれている男がいた。クラスメートはおろか、後輩にも、先輩にも、先生からもかわいがられるのだ。なぜ好かれたかというと、その男は、いつでもニコニコとしていたのだ。にこやかに微笑《ほほえ》む人は、それだけで「人たらし」になることができる。なぜなら、私たちは笑っている人の顔を見るのが大好きだからである。**私たちは、微笑む人の顔を見ると、自分も楽しくなってくる。笑顔は、「感染効果」があるのである。**だからこそ、どんなときでも笑顔を絶《た》やさないようにするのが、ポイントだ。

　では、魅力的に見える微笑みの作り方を教えよう。簡単にできるのは、**必ず言葉の最後には、無言《むごん》の「イ」をつけて話すようにすれば**

いい、というテクニックである。これは、多くの会社における受付嬢たちが使う秘密のテクニックでもある。

言葉の最後を「イ」の口元でしめるようにすると、白い歯がのぞく美しい笑顔ができあがる。これは、誰でもそうなるのである。したがって、こうやって話すようなクセをつければ、「あの人は笑顔のステキな人」という印象を強めることができるだろう。


「また、ぜひ一緒に仕事をしましょう（イ）」

「本当に、ありがとうございました（イ）」

「おはようございます（イ）」

「やっと、雨があがりましたね（イ）」

「データの入力は、本日中でよろしいですか？（イ）」


とにかく、どんな会話をするときにも、最後に「イ」という言葉を言うような感じにすると、とても気持ちのいい笑顔で相手に接することができるのである。このテクニックは、自分で気をつけようと思えば、いくらでもできる。しかも効果は驚くほど高いのだ。

某ファスト・フード店には、2万5000にも及ぶマニュアルがあるというが、その中で最も重要視されているのが、「スマイル」であるという。お客は、笑った店員の顔を見るのが好きだ。だからこそ、店員のスマイルに関しては、厳しくマニュアル化されているのである。「スマイル効果」が売り上げを伸ばすという話は事実なのであり、だからこそ、店員はスマイルを徹底的に叩《たた》き込まれるわけだ。

人を気持ちよくさせたいなら、微笑んでいればいい。しかも、難《むずか》しいスマイル訓練などをしなくとも、言葉の末尾《まつび》に「イ」とつけていれば、十分に魅力的な笑顔が作れるのだ。しっかりと訓練して、最高の笑顔を見せられるようにしよう。

笑うときには、「アハハハハ」ときちんと〝声〟を出す

ニコッと微笑めば、たいていの人はあなたを好きになる。笑顔を嫌いな人間などいないからだ。生まれたばかりの赤ちゃんでも、笑った顔のシルエットと、怒った顔のシルエットの両方を同時に見せると、笑った顔のシルエットのほうをよく注視するという。笑顔が好きなのは、人間の生得的な本能なのかもしれない。

さて、笑顔に関しては、さらに重要なポイントがあるので、それを説明させていただきたい。それは、どうせ笑顔を見せるのなら、きちんと相手に聞こえるように〝声を出して、笑え〟という法則である。

笑顔を作るように努力するだけでなく、なるべく大きな声で笑ったほうが、2倍も、3倍も効果的なのだ。

「俺は、人前では、できるだけ笑顔を作るようにしているのに、どうして好かれないのかなぁ？」という疑問を感じている人がいるとしたら、その理由は、はっきりしている。それは、声を出さずに笑っているのが、よくないのだ。笑顔だけでは足りないなら、声を追加して、あなたの笑顔が本物であることをアピールすればいい。

ブラジルにあるサン・パウロ大学の心理学者S・サラと、同僚のE・オッタ両博士は、どうせ笑うのなら、声を出さずに口元だけの「閉じた笑い」(closed smile) よりは、「声を出した笑い」(laughter) のほうが、仲間集団からのウケがよくなることを実験的に確認している。

サラ博士たちは幼稚園児を対象にした調査によって、口元だけでの閉じた笑いをする園児より、声を出してアハハハと元気に笑う園児のほうが仲間から受け入れられるばかりでなく、リーダーシップが高いとも評価されることを確認したのである。これは幼稚園児を対象にした調査だったのだが、同じことは大人にも当てはまるだろう。

顔だけで笑いを作ろうとすると、ときとして、冷たいような、作り笑いになってしまうことがある。皮肉っぽい笑顔になってしまうこともある。「こいつは、心から笑っているのだろうか？」と相手に疑念を抱かせることさえあるだろう。その点、きちんと声に出して笑うようにすると、あなたが喜んでいることが、相手にも一目瞭然《いちもくりようぜん》となる。だからこそ、笑い声を聞いた相手も、楽しい気分になってくるのだ。

筆者の大学時代の後輩で、今は税務署で働いている男がいるのだが、この男の笑い声が、ハンパではなく大きい。居酒屋で飲んでいると、お店中に響き渡る声で笑うので、一緒にいる筆者のほうが赤面するくらい大きな笑い声なのである。しかしだからこそ、**裏表のないイメージを周囲に与え、不思議な魅力で人に好かれている。**

その後輩は、彼には不釣合いなほどの美人の奥さんと結婚し、周囲の人を驚かせた。

このように、〝声〟を出してよく笑う人間で、嫌われる人はいないのだ。

顔だけで笑顔を作ろうとすると、どうしてもぎこちない作り笑いになってしまうものだが、たとえ面白くなくとも、「アハハハハ」と声を出すように努力すると、本当に楽しい気分になってきて、真実の笑顔で微笑むこともできる。

くり返すが、自分では笑顔を作っているつもりになっているのに、思うように人に好かれていないという人は、きちんと声を出して笑っているのかどうかを自問自答してみるとよい。「声は出している」という人は、おそらくは声が小さいのであろう。恥ずかしがらずに、もっと大きな声で笑うようにすると、魅力が出てくるはずだ。

相手の「まばたき」を数えるようにすると、自然なアイコンタクトができる

「人と話すときには、相手の目を見て、話せ」とはよく言われることだが、そうはいっても、他人と視線を交《か》わすことに抵抗を示す人がいる。他人にじっと見つめられることに恐怖を感じる人もいるだろう。

理想としては、たとえ街中で出会った知らない人に対しても、視線が合ったときには、にっこりと微笑んであげるようになりたいところである。

商談のときでも、社内での人間関係でもそうであるが、相手と視線を交わせば交わすほど、お互いの親近感は高まる。これを心理学では**「アイコンタクトの原理」**と呼んでおり、**お互いの目を見つめ合うほど、それに比例してお互いの魅力と好意が増大していくことがわかっている。**

では、どうすれば自然な感じで相手を見つめることができるのかを考えてみよう。いくつかの方法があるのだが、あまり緊張せずにできる方法としては、「相手のまばたきを数える」という方法がある。

あたかも科学的な実験をしている研究者になったつもりで、相手のまばたきを冷静に数えるようにするのだ。こうすると、あまり緊張せずにアイコンタクトもできるようになる。

米国マサチューセッツ州にある広場恐怖研究センターのJ・ケラーマン博士は、クラーク大学の心理学者たちと合同で、とてもユニークな研究を行っている。

ケラーマン博士たちは、実験参加者の2人を1組にして、近くに座らせた。ただし、2人はお互いに話しかけてはいけない。アイコンタクトの効果だけを調べる実験なので、会話をさせなかったのだ。

そういう状況を作ってから、「相手の〝まばたき〟を数えてほしい」と言われているグループと、「相手の〝手〟を見つめるようにしてほしい」と言われているグループとで、お互いの魅力が、どのように変わるのかを比較したのである。

その結果、「相手のまばたきを数えてほしい」と言われていたグループでは、「相手

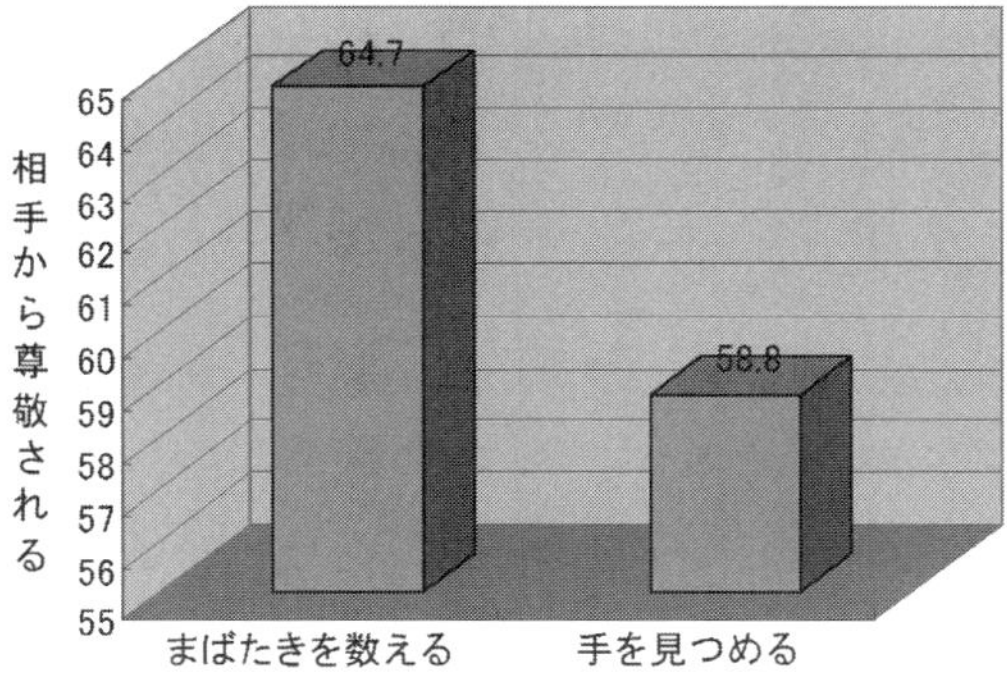

図：相手のまばたきを数えるようにすると、
尊敬してもらえる（出典：Kellerman, J., et al.）

の手を見つめる」グループよりも、**互いに「愛情」を感じるようになり、しかも相手に対して「尊敬の念」まで感じることが判明した。**

もちろんこれは、相手のまばたきを数えようとして、自然とアイコンタクトの量が増え、その結果、お互いの魅力も高まったのである。

上のグラフは、アイコンタクトした場合に、相手から受ける「尊敬」の得点を示したものだ。

この実験を参考にすると、「とりあえず、相手が1分間にどれくらいまばたきするのかを数えてみようか」というくらいの軽い気持ちで相手の目を見つめれば、それほど緊張もせずに、自然なアイコンタクトができるようになることがわかるだろう。

人と視線を合わせると緊張してしまう人などは、こんなテクニックがあることを覚えておくと便利である。

長くしゃべればしゃべるほど、信頼感は強まる

人たらしになりたいなら、短い会話でストップしてはいけない。できるだけ会話を長く保たせるように努力しよう。単純に考えてみても、会話をする時間が長くなれば、それだけお互いに交わすメッセージも長くなり、その分だけ、人間関係の絆《きずな》は深まっていくからだ。

テキサス大学のS・L・ジャーヴェンパー教授と、D・E・レイドナー博士は、世界28カ国の大学生に呼びかけて、ネット上で新しいサービスを考えさせるという実験をしたことがある。この実験は4週間にわたってつづけられ、お互いに見知らぬメンバーとグループを組まされるのだった。

4週間後、メンバーたちがどれくらい親密になったかをジャーヴェンパー教授たち

が調べてみたところ、「会話のメッセージ量」ときれいに比例することがわかった。つまり、長いメッセージを送り合えば送り合うほど、グループ内の信頼感の絆は、強まっていたのである。

たとえば、まったくお互いに信頼し合えていないグループでは、メッセージを送信するときに「了解」とか、「時間守れよ」という短いメッセージばかりが送られていた。反対に、お互いに信頼し合っているグループでは、「キミがいてくれて本当に助かった」とか「大丈夫、僕たちなら絶対にできるから」などと、信頼感のないグループよりも相対的に長いメッセージを送信し合っていたのである。

この実験からわかる通り、**会話の量を増やし、メッセージ量を増やせば増やすほど、それに比例するようにして、あなたは相手に信頼されるようになるのだ。**どんなことでもいいから、どんどん会話をしよう、と筆者がアドバイスするのはそのためである。

あまりおしゃべりしない人と、どんどん積極的に人に話しかける人がいるとしたら、当然、人気者になれるのは、積極的に相手に話しかけるタイプのほうである。**言葉を交わすというのは、心を通じ合わせることにつながり、会話をすればするほど、相手の心を惹きつけることができるわけだ。**

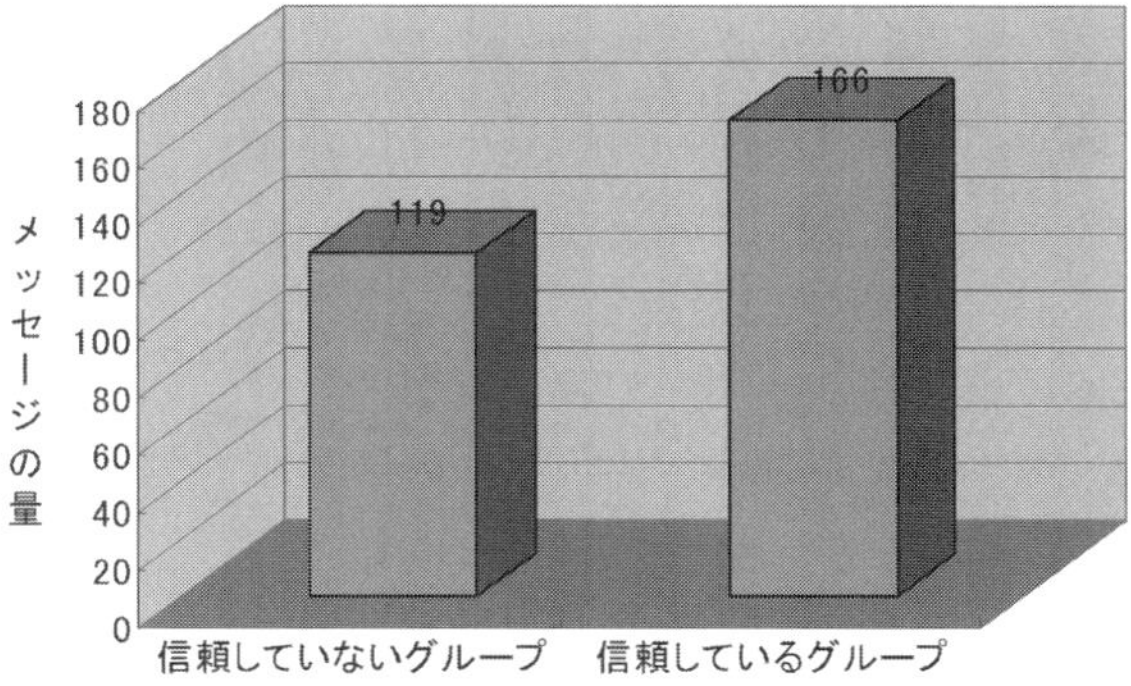

図：交わす言葉が長いほど、信頼感は強まる
（出典：Jarvenpaa, S. L. & Leidner, D. E.）

自分からはまったく話しかけないのに、人に好かれるということはありえない。黙って座っていれば、自然と相手が近寄ってくるということは、あまり期待できないのだ。そういう幸運な人が絶対にいないというわけではないが、かなりまれだ。

やはり自分から率先して話しかける勇気を持つことが、人たらしになるには絶対に必要なのである。

飲み屋の女性の人気者になる訓練をする

飲み屋の女性にさえモテない男性は、ダメだ。データをとったわけではないから何とも言えないが、飲み屋の女性にモテない男は、えてして、社内でも好かれることはない。サービス精神に溢《あふ》れた飲み屋の女性にさえモテなくて、どうして普通の人間関係で好かれることがあるだろうか。

どういう男が飲み屋の女性にモテるのかというと、それにはいくつかの共通点がある。頭に思いつくままに列挙しても、

① しつこくない
② 明るくて社交的である

③　金払いがいい（ケチではない）
④　リラックスしていて、余裕を感じさせる
⑤　話題が豊富である（同じ話を2度やらない）

という特徴がある。この特徴は、人に好かれるときのポイントでもある。しつこくて、暗くて、ケチで、神経質そうで、退屈な話を何度も何度もしている人は、例外なく、飲み屋の女性に嫌われる。こういうタイプは、人をうんざりさせてしまうのだ。

さて、この項目では、特に、「同じ話を2度やらない」という点について掘り下げて考えてみたい。飲み屋の女性に嫌われるのは、例外なく、同じ話をうんざりするくらいつづける男だからだ。

「もう、その話は聞いたんだけどな」と思われるのが、一番ダメである。自分がしゃべったことくらいは頭に残しておいて、同じ話を同じ人に、2回以上するものではない。自分がしゃべったかどうか自信がないときには、「この話、もうしたかな？」と確認してから始めるとよい。しゃべっている途中でも、なんとなく相手がすでに聞いたような顔をしているなら、「ごめん、退屈だったよね」とか「もう、話したかもし

れないね」と自分から謝《あやま》ってしまうくらいのやさしさは見せたい。

筆者は、絶対に同じ人に、同じネタを話さないようにしている。お気に入りのネタは、いろいろな場所で披露《ひろう》しているが、絶対に同じ人に聞かせないようにしている。同じ話を2回以上聞かされることほど、退屈なことはないからだ。

さらに、**同じ話ばかりする人は、「自己中心的」なイメージを与えてしまう。これは大きなマイナスである。**

米国ノースカロライナ州にあるウェイク・フォレスト大学の心理学者マーク・レアリー教授たちが、「会話の退屈さ」について分析を行ったことがある。レアリー教授たちは、２９７名の大学生たちに、「どういうときに退屈するのか？」という状況をたくさん思い出させ、それを統計的に分析したのだ。

その結果、最も退屈させるのは、「同じ話のくり返し」であった。自慢話や、平凡な話なども相手をうんざりさせるが、やはり一番退屈なのは、同じ話を聞かされることなのである。

どんなに面白い映画でも、どんなに感動的な映画でも、2度目に見ると、「あれぇ、こんなモンだったかなぁ？」とガッカリすることが少なくない。それは会話でもそうなのである。

同じ話を2度も3度も聞かされて、そのたびに新鮮な感動を味わってくれる人は、めったにいない。だからこそ、同じ話を2度やらないように注意しなければならないのだ。

「同じ話は2度やらない」

たったこれだけを気をつけるだけで、あなたは話術の達人になることができるだろう。

太りすぎないように、普段から気をつける

ごく一般的な話をすれば、デブは、人気がない。

もちろん、太っちょの人でも、好かれている人がたくさんいるわけだが、そうはいっても、基本的には標準体重をキープするのが大切だ。きちんとした食生活と、運動習慣を身につければ、大きく体形は崩《くず》れないものである。肥満にならず、標準体重をキープするのは健康にもいいわけであるし、これはぜひみなさんにも守ってもらいたい。

初対面で好印象を与えるのは、標準的な体形の人である。これを実証する、大変に面白い実験があるので、ちょっと紹介しておこう。

ハッソン・カレッジの心理学者ランブロス・カリス博士は、標準的な体重の男性と、

太っちょの男性を集めてみた。その結果、

標準体重の男性３人（平均、約６７・１kg）
太っちょの男性３人（平均、約１１３・４kg）

が実験に参加してくれることに同意してくれた。なお、６人の男性は、ほぼ同じ身長である人たちが選ばれた。

さてカリス博士は、この６人を別々に、時間を変えて、11軒の大家さんをたずねさせ、「アパートを借りたいんだけど」と頼ませてみた。すると、標準体重の人たちでは、11軒のすべての大家さんで、「いいですよ、喜んでお貸しします」という返事がかえってきた。

ところが、同じ大家さんを、太っちょの男性がたずねた場合は、どうなったのか。なんと11軒のうち、５軒の大家さんで断られてしまったのだ。アパートが空室であることは確認ずみであるが、何やかやと理由をつけられて断られたのである。

断ってきた５軒の大家さんのうち、３軒では、さりげなく賃料の値上げをされて拒絶され、残りの2軒では、「すでに別の人に決まってしまったから」とウソをつかれたのであった。

この実験は、**太っちょほど、初対面の相手にいい評価を受けないことを示している。**同じような傾向を示すデータは、うんざりするくらい存在することからも、「人たらしになりたいなら、なるべくヤセろ」というアドバイスができるわけである。太っちょとヤセのどちらかを選べ、と言われたら、ヤセのほうが魅力の評価は断然高くなるからだ。

ただし、太っちょでも絶対に好かれないか、というとそんなことはない。お腹がぽこんとふくらんでおり、顔もおまんじゅうのように丸い人は、人懐《ひとなつ》っこさや、愛嬌《あいきょう》、近寄りやすさを感じさせる効果はあるだろう。知覚心理学のデータによれば、私たちは、尖《とが》ったもの、直線的なものよりも、ゆるやかな曲線を描くものを見ると、心がリラックスするからだ。

また、太っている人でも、いい笑顔を持っている人は、話が別だ。ニコニコと微笑むのがうまく、豊富な話題で相手を楽しませることのできる人なら、体形での不利など、簡単にカバーできるのである。

とはいえ、太りすぎるよりは、ヤセたほうが人に好かれやすいことは間違いないので、最後に、手軽にできるダイエット方法をひとつだけ紹介しておこう。用意するものは、メンソール入りのリップクリームである。コンビニやスーパー、あるいは駅の売店でも、必ず売っているものだから、それを用意しておく。

そして、お腹がすいたときには、そのリップを、眉間《みけん》と鼻の下の両方に軽く塗《ぬ》ってみるのだ。すると、スウッとした清涼感《せいりょうかん》とともに、さきほどまでの食欲がおさまってくるのである。ようするに、この方法は食べすぎを減らす効果があるのだ。

タネを明かせば、**人間の眉間と鼻の下には、脳の満腹中枢《ちゅうすう》を刺激するツボがあるので、それを刺激することによって、満腹になったと思わせるわけである。**ついつい食べすぎてしまう人などは、この方法をやってみると、食欲を抑《おさ》えられ、意外に効果的だ。

さりげない手がかりから、自分がどれくらい好かれているかを判断するコツ

読者のみなさんもそうであろうが、「自分がどれくらい好かれているか」ということは、非常に気になるものである。自分では好かれていると思っているのに、陰口をたたかれていることはよくあるもので、自己評価と他者評価は、往々にして、食い違うものだ。

この項目では、どういうポイントに注目すれば、自分がどれくらい好かれているかを判断できるのかを考えてみよう。

★会話中、目を輝かせ、身を乗り出してくるようなら、あなたは好かれている

私たちは、会話に夢中になると、自然と身体が「前のめり」になる。したがって、

相手が目をキラキラと輝かせながら、前のめりになってあなたの話を聞いてくれるようなら、それはあなたが好かれている証拠である。

ついでにいえば、相手が椅子に「浅く」腰をかけているときは、あなたが好きなのであり、「深く」座って、背もたれに背中がくっついているのだとしたら、あなたは嫌われているか、話が退屈なのだ。

★飲みに誘ってみて、「今、忙しいんだよね」と言われたら、あなたは好かれていない

あなたが好かれているなら、相手はスケジュールをやりくりしてでも、あなたと飲もうとする。どんなに忙しくとも、たとえ1時間であろうとも、あなたと一緒にいたいと思えば、絶対にあなたの誘いを断らないはずなのである。「今、忙しい」というセリフを、正確に翻訳するなら、「あなたと一緒にいるのはイヤだ」という意味である。

★「いいヤツなんだけど…」「美人なんだけど…」と言われるようなら、潜在的に嫌われている

「○○だけど……」という逆接の接続詞の後ろには、必ず「否定」がくる。つまり、前半のホメ言葉は、単なる飾りなのだ。

他の人から、「○○さんは、いい人なんだけど……」とか、「良いところもいっぱいあるんだけど……」などと話されるなら、潜在的に嫌われていると思って、間違いはない。

まだ表立っては悪口を言われるほどではないにしろ、注意しないと、そのうちに悪口を言われるようになってしまう。

★電話の相手から、「どうしたの？」と言われるようなら、その関係は末期である

電話をかけた相手から、すぐに用件を聞かれるようになったら、あなたへの関心は非常に薄いという証拠である。

あなたと本当に話したいと思っている相手なら、このようなそっけない対応はとらない。

仕事がらみで相手に電話をしたときに、このセリフを言われたとしたら、相手はあなたとはビジネスとしてしか付き合いたくないと思っているのだろう。

相手を訪問したときに、「どうしたの？」と切り出された場合も、やはりあなたの訪問を歓迎していないことがわかる。

★あなたと相手との間に、さりげなく「障壁《しょうへき》」をおくようなら、嫌われている

相手とあなたが向かい合わせに座った場合、コーヒーや灰皿や資料などを、さりげなく目の前において、あたかもあなたとの間に「障壁」を築こうとする行動が見られたら、これらはあなたと心理的に距離をとりたい、という意味である。逆に、あなたが好かれているとすれば、そういう「障壁」を自然と横にのけようとするはずだ。

★相手の組んだ足が、出口のほうに向いているのなら、帰りたがっている

私たちは、「帰りたい」と思うと、自然と身体が出口のほうに向いてしまう。とりわけ、つま先が出口のほうに向いてしまう。相手の身体が、あなたのほうではなく、出口のほうに向いているのだとしたら、それはあなたと一緒の時間が苦痛だというサインである。

これらのサインに注目すると、どれくらい好かれているのかわかるだろう。たいていの場合において、私たちは、「自分は〝絶対に〟好かれている」と過剰《かじょう》に思い込んでしまうものだが、いろいろな手がかりに注目しながら、冷静に判断するようにすると、あまり好かれていないことなどもわかるかもしれない。

第3章

人間関係の“危機的状況”をうまく乗り越える心理技法

人間関係がこじれたと思ったら、すぐに話し合う

ある調査によると、対人関係でトラブルが起きたとき、じっと我慢しようとする人は48%。つまり、ほぼ半分の人たちが、何も解決の手を打たないのである。しかし、これで問題が解決したと感じている人は、44%だった。手をこまねいていても、人間関係はよくならないのである。

その点、なぜこじれたのかを積極的に話し合うなどして、対処しようとした人は12%しかいなかったが、このうちで、問題が解決できたと答えた人は80%にのぼった。少しでも、おかしなことになったと思ったら、ともかく話し合って解決するのがポイントである。

あなたが不用意な発言をしてしまって、相手が不愉快な思いをしたことは、表情を

観察していればわかるはずだ。サッと顔色が変わるとか、返事までの時間が長くなったとか、視線を合わせてくれなくなったとか、そういう手がかりに注目すれば、「これは、何か不愉快にさせてしまったようだぞ」と判断できるだろう。

そんなときには、すぐに対処する。最も簡単で、かつ最も効果的なのは、**自分が感じている不安を口に出してみることである。**

「すみません、何かご気分を損《そこ》ねるようなことを申しましたでしょうか？」

「この条件では、あまりに厳しかったでしょうか？」

「敬語を間違えておりましたでしょうか？」

などと口にしてみよう。理由がわからずに相手が怒り出した場合には、その理由をはっきりさせなければ、解決の糸口が見あたらない。

まったく理由がわからないのに、相手に、いきなりふて腐《くさ》れたような態度をとられることがある。黙ってしまうこともあるかもしれない。そんな場合には、**まずは「す**

なくともよい)。

みません」と自分の非礼をわびてしまうことである（何が非礼だったのかなどは、考え

だいたいにおいて、私たちは、自分自身の間違いに気づくことはまれである。相手に指摘されないと、自分の犯《おか》した失敗に気づけないのだ。聞かれたくないことを聞いてしまったとか、個数の決まっている料理で、他人の分まで自分が食べてしまったというような場合なら、まだしも自分の失敗に気づくのだが、もっと微妙な点で相手のコンプレックスを刺激した場合などは、なかなか気づけるものではない。

だからこそ、「悪い、失礼なことを言って（聞いて）」と、とにもかくにも、謝《あやま》ってしまったほうがいいのである。とにかく「すみません」の言葉を言っておけば、その場では相手の怒りがおさまらなくとも、そのうちに水に流してくれる。**理由など考えずに、サッと謝れる人というのは、とても魅力的である。**

人間関係がおかしくなったら、あなたが「ほんの少し」変わってあげる

「あいつとの関係がどうもしっくりこないな」と思ったら、そのまま放っておいてはいけない。これが最もまずい方法だからである。身体の不調くらいなら、放っておいても、〝自然治癒《ちゆ》〟されることがあるが、人間関係が〝自然治癒〟されることは、ほとんどない。放っておけばおくほど、かえって溝《みぞ》は深まっていくばかりだ。

クリフォード・ノートリウスとハワード・マーカムという2人の心理学者が、「どうすれば人間関係がつづくのか？」ということを、20年以上にもわたって研究している。それでわかったことは、「あなたが（自分自身が）、〝ほんの少し〟だけ変わってやれ」ということであった。

相手をこんな風に変えてやろうとか、相手に何か働きかけてやろう、とするよりも、

むしろ「自分が、変わってやろう」という気持ちが、良好な人間関係の秘訣《ひけつ》だったわけである。考えてみると、相手を変えてやろうとするより、自分が変わってあげたほうが、はるかに労力もかからない。自分は正しいのだ、というつまらないプライドを捨てるだけで、人間関係は驚くほど良好なものとなるのである。

人とケンカになったり、しっくりこないときには、自分から少し折れてみよう。「本当に申し訳ない」と完全降伏するのが癪《しゃく》に障《さわ》るのなら、そこまで折れる必要はなく、ほんの少し歩み寄るだけでいい。

ちなみに、ノートリウス博士たちは、「ほんの少し」という点を重視している。たとえ自分を変えるにしても、大きく変えるのは難《むずか》しいのだ。大きく変えるのは、我慢と苦痛を伴ってしまうからである。自分を１８０度も変えなければ相手とうまく合わせられないのだとしたら、そもそも相手とは肌が合わないのであり、そういう人とまで仲良くやるのは不可能なのである。

ほんの少しだけなら、人間は変わることができる。たとえば、これまで1回しか挨《あい》拶《さつ》していなかったものを、２回にすることはできるだろう。それくらいなら、誰でもできるのである。

大きく変わろうというのは、本人にとっていらぬプレッシャーをかけてしまうし、変われなかった場合に、「自分はダメなヤツだ」と自分を追い込んでしまうことにもなりかねない。そうなると何のために変わろうと努力したのか、わからなくなってしまう。その点、少しだけ変われば十分、という気持ちでいると、それほどストレスも感じないし、取り組みやすいのだ。

目標を達成するためのコツとして、「スモール・ステップの原理」というのがある。目標の段階を、できるだけ小さくすれば、最終的には、大きな目標も叶《かな》えられるという原理なのだが、これは人間関係にも当てはまるようだ。人たらしになりたいなら、大きく変わろうとするのではなく、小さく変わろうとするのがコツである。

機嫌の悪い相手からは、さっさと逃げる！

あなたは全然悪くないのに、ムードの悪い相手がいる。会ったばかりなのに、不機嫌《ふきげん》さを隠そうともしない人もいる。おそらく、彼は出かけるときに奥さんとケンカをしたか、上司に怒られたりしたのだろう。相手が怒っている直接の原因は、あなたにはない。だが、そうは言っても、八つ当たりをくらう可能性は強い。

たとえば、相手がたまたま身体の調子が悪く、イライラしているとしよう。そんなときに、あなたが笑顔で近寄って行くと、「何をニヤニヤしているんだ、俺の顔が面白いのか！」とキレてしまうかもしれない。まったく、やぶへびである。あなたは何も悪くないのに、怒鳴られたり、嫌われたりしてしまうのだから、こんな相手には近寄らないことだ。

機嫌の悪い相手からは、距離をおくのがルールである。機嫌が悪いヤツは、みさかいなく吠《ほ》えかかる犬と同じで、手がつけられない。「君子《くんし》危《あや》うきに近寄らず」というが、不機嫌な相手にも近寄らないほうがいいのである。ムリになだめようなどとして近寄って行くと、とんでもない目に遭《あ》うこともあるのだ。そういうなだめる役は、別の人にやってもらえばよいのであって、わざわざあなたが火中《かちゅう》の栗《くり》を拾う必要はない。

心理学には、**〝ムードの一貫性原理〟**というのがあって、楽しいムードのときには、どんな人も神様のように見え、イヤなムードのときには、どんな人も悪党に見えてしまうことがわかっている。そのときのムードによって、評価が違ってくるわけだから、不機嫌なヤツには近寄ってはいけないのだ。

オーストラリアのシドニーにあるニュー・サウス・ウェールズ大学の心理学者ジョセフ・P・フォーガス博士たちのグループは、映画を見たばかりのお客を映画館のロビーでつかまえて、「あなたは、どれくらい人生に満足していますか？」とたずねてみた。

すると、映画のテーマが、ハッピーなものである場合、「私は非常に満足している」と答える人が多かった。映画を見てハッピーな気分になった人は、自分の人生までも好意的に評価するようになったのだ。ムードの一貫性原理のためである。

また、フォーガス博士たちは、悲しい映画を見たばかりのお客にも、同じ質問をしてみた。すると今度は、「私の人生は、そんなによいものではない」という答えが多く返ってきたのである。私たちは、そのときのムードによって評価が変わってくるのである。

この実験を参考にすると、**私たちが、どんどん近寄って行くべきなのは、最近よいことがあったばかりの、ムードがいい相手であることがわかるだろう。**

結婚したばかりの人や、子どもが生まれたばかりの人、あるいは、パチンコで大あてしたばかりの人や、一戸建て住宅を建てたばかりの人だ。こういう人には、どんどん話しかけるとよい。

ただでさえ相手は気分がよくなっているので、話しかけてくるあなたのことも好意的に評価してくれるだろう。

相手が不機嫌そうなら、「すみません、5分で退散いたしますから」とあらかじめ断っておき、さっさと帰ったほうがいい。ヘタに長居をしていると、あなたへの評価まで否定的なものになってしまうかもしれないからである。

さらに言っておくと、「何か、あったんでしょうか?」などと、不機嫌そうに見える相手に余計なことを聞くのもやめたほうがいい。ムシャクシャした相手の怒りの矛《ほこ》先《さき》が、あなたに向かってきて、「うるせえ」と怒鳴られる危険がないこともないし、ここぞとばかりに、あなたに不満をぶちまけてきて、何時間も愚痴《ぐち》を聞かされるハメになるかもしれないからだ。

いつでも体調は絶好調に整える

ムードの話が出たので、ついでに自分のムードを整えることの大切さについても考えてみることにしよう。自分のムードをなるべく一定に保つためには、身体と健康に気をつけるようにすることが大切だ。

読者のみなさんにも経験があるかと思うが、私たちは、ストレスを感じていたり、病気だったりすると、他の人に親切になったり、ユーモラスになれないものである。普段は明るくて温厚《おんこう》な人物でも、風邪《かぜ》で熱っぽかったりすれば、不機嫌な顔になってしまうのも仕方がないというものだ。

人に好かれたいのなら、自分の身体にはたえず気を配《くば》ったほうがいい。肩こりがひどかったり、睡眠不足だったりすると、いくら頭では、「もっと明るくふるまわなきや……」と思っても、身体が言うことを聞いてくれないからだ。

身体の調子が悪いと、自分では気づかないうちに、言葉が荒っぽくなってしまったり、険《けわ》しい顔になってしまったり、相手の冗談《じょうだん》をつまらないと感じてしまうものである。だからこそ、こんな状態で人に会わないほうがいい。

筆者は、わりと健康には自信があるのだが、3月から4月の終わりくらいまで、ひどい花粉症に悩まされる。したがって、この時期にはなるべく人と会う仕事をしない。いくら鼻炎の薬を飲んでも、身体が本調子ではないので、心から愉快な気持ちになれないのである。相手が花粉症でなく、何の悩みもないように見えると、恨《うら》みを感じることさえあるのだ。これでは、人たらしの技術が十分に発揮できるわけがない。

身体の不調というのは、きちんとした生活習慣を身につければ、めったに起きないものである。年に1回くらい風邪を引くかもしれないが、生活習慣がきちんとしていれば、1日か2日で治《なお》る。

私たちの思考は、身体の調子ともある程度までは連動しているのであって、身体が活性化して軽く感じるときには、自然と明るいことばかりが頭に浮かびやすくなるのに対し、身体がだるいときには、どうしても悲観的になりやすい。

身体の調子が悪いときに人に会うと、「こいつは口が臭《くさ》い」とか「ネクタイの趣味が悪い」とか「髪型が似合っていない」などと、とかく相手の欠点のあら探しばかりしてしまう。知らぬ間に、批判的、悲観的な思考になってしまうのである。

「早寝早起きの習慣をつけよう」というのは、身体を健康にするための秘訣であるが、これは、人間関係の秘訣でもある。なぜなら、身体の調子がよければ、概して、人間関係もうまくいくからだ。

身体がだるいなと思ったら、早めに薬を飲んで、寝てしまったほうがいい。ストレスが溜《た》まったと思うなら、ぬるめのお風呂にゆっくり入ることだ。

身体が健康になると、肌のツヤもよくなって、それがあなたの魅力を高めることを忘れてはならない。私たちは、健康的な人のほうを好むという心理データもあることであるし、なるべく身体には気を配るようにしたい。

嫌われたら、ムリにリカバリーしようとしない

いったん嫌われたら、よほどのことがない限り、あなたは嫌われたままである。それを修復するテクニックがないわけではないのだが、だからといって、その技術は普通の人ができるようなものではない。人間関係では、嫌われないようにするのが大切なのであり、いったん嫌われてしまったら、もうどうしようもないと諦《あきら》めたほうがいいのだ。京都大学の吉川肇子《きつかわとしこ》さん（現在は慶應義塾大学准教授）が行った実験によると、いったん悪い印象を持たれると、その後でリカバリーがなされたとしても、悪印象は変わりにくかったという。

私たちは、いったん自分が下した印象は、おいそれと変えない傾向がある。たとえば、「サイフを盗んだイヤな男」という印象を持たれたとしたら、その後になって、

「あいつにはお金を必要とする十分な理由があったのだ」と聞かされたとしても、基本的に最初の印象は変わらないのである。私たちは、いったん嫌いになった人は、ずっと嫌いなままなのだ。

もしみなさんが誰かに嫌われてしまったのだとしたら、小手先《こてさき》の親切で仲直りしようとするよりは、もはや彼との関係は諦めて、新しい友だちを1人でも2人でも増やすようにしたほうが、現実的には意味があるし、そちらのほうがずっと容易である。

マイナスの評価をプラスにひっくり返すのは、なかなかできるものではない。それよりも、**あなたに対して、まっさらな状態でいる初対面の人に好かれるほうが、はるかに簡単である。**たとえば、あなたが社内の人たちみんなから総スカンをくらってしまったとしよう。こんな場合、あれこれと修復の手間をかけるよりは、その会社をスッパリと辞《や》めてしまい、新しい職場で「人たらし」になるようにしたほうがずっといい。前の職場で失敗したことを反省し、次からはしないようにすればいいのだ。

子どもが何らかの理由によって、学校でイジメられてしまったら、最善の方法は、誰も知らないところに転校してしまうことだと筆者は思う。そうすれば、一から、自分の印象を作り直すことができるからだ。

「それは問題から逃げているだけで、何の解決にもなっていないんだ！」と言う学校の先生や専門家もいらっしゃるだろうが、筆者はそう思わない。中途半端に作りかけのプラモデルを何とか完成させようとするより、新品のものを一からきちんと作りはじめたほうが、結果としては、上手にできるものである。

どんな理由であれ、いったん嫌われた相手に何とか好かれようとしなくていい。余計なことをしようとすると、かえって溝は深まるばかりなので、むしろ適度な距離をとりながら、仕事で必要な事務的な連絡だけは欠かさずにするとか、かなりの時間が経過してから、挨拶だけはきちんとするくらいで十分である。自分を嫌いな人は嫌いなままでけっこう、もっと別のところで人脈を増やせばいいではないか、というくらいの気持ちでいたほうが、精神的にプレッシャーを感じることもない。

サンディエゴ州立大学のスティーブン・ロビンズ教授は、「上司とどうしてもソリが合わなかったら、上司を替えよ。すなわち、新しい職場に移ったほうがいい」と、とても参考になるアドバイスをしている。嫌いな相手と何とか付き合おうとする心がけは殊勝《しゅしょう》であるが、どうしてもムリなものは、やはりムリなのだ。人間関係は、「がんばれば何とかなる」というものでもないのである。

出会って〝3回目〟までに魅力が伝わらないなら、諦める

肌の合わない人とは付き合わなくともかまわないと述べたが、もう少し説明をつづける。それは、出会って3回目までに、相手に魅力を感じさせられなかったら、その後においても、その人との親密な付き合いは難しい、ということだ。

つまり、同じ人と3度会ってみて、自分のことを好きになってもらえなかったと判断できたら、もはやアウトということである。逆に言うと、出会って3回目までには、それこそ全力で魅力をアピールすることが大切、ということでもある。

心理学には、「スリーセット理論」という法則がある。どんな理論かといえば、**人間は、「3回」もその人に会えば、印象や評価をかなり固定的にしてしまう、**ということである。

それ以降の出会いは、単純に最初の印象を強めることにしかならない、ということがわかっているのだ。

私たちは、初対面の相手には、大ざっぱに第一印象を決める。「ひょっとして、こういう人なのかな？」と自分でも疑いながら印象らしきものを作り上げる。それが1回目の出会いである。

つづいて2回目の出会いでは、最初の自分の観察が正しかったのか、もう一度判定しようとする。3回目は単なる確認で、それ以降は、もう評価はあまり変わらない。

スリーセット理論からすれば、3回目までの出会いで、自分の魅力を最大限にアピールすべきであり、もしそれまでに何か嫌われたのだとしたら、もうその人との関係は修復するよりも、むしろ距離をおくべきだといえるのだ。

「じっくりと時間をかけて、自分の魅力を理解してもらおう」

「少しずつ、自分のよい点を感じてもらおう」

などと悠長《ゆうちょう》なことを言っている人は、あまり人に好かれないタイプだ。人に魅力を感じさせる極意《ごくい》は、先手必勝にあるのであって、初対面の相手に全力で好かれるように努力してほしい。3回目以降なら、少々手を抜いたとしても、あなたの評価がガクッと悪くなることはないが、1回目、2回目では自分のよい点をどんどん演出するようにしよう。

「人間の評価は3回目までに決まる」とはいえ、**最も重要なのは1回目であることは言うまでもない。**「3回目までに、何とか好かれよう」と考えるのではなく、「初対面で、絶対に好かれてやる！」という意気込みで人に会おう。一期一会の精神で会うのだ。

セールスの世界では、何度も何度も足を運ぶことによって、そのうちに「キミの誠意に打たれたよ」などとお客が契約を結んでくれた、という話がないこともないが、それは第一印象のアピールが少なからずよかった人の場合だけである。

第一印象が悪ければ、10回訪問しようが、100回訪問しようが、お客をうんざりさせるだけで、うまくいくことはない。スリーセット理論では、そう予想ができる。

本書では、人たらしになるためのいろいろな技術、ノウハウを紹介しているが、それらを1回目の出会いで、まとめて使ってほしい。「あとでゆっくり……」などと考えていると、取り返しのつかないことになるので、注意が必要だ。

筆者は、中学時代に剣道をやっていたが、「初太刀《しょだち》で一本をとる気持ちで」と指導された。最初の攻撃は、それ以降の攻撃に比べて、信じられないくらい重要な意味を持っている。出だしでいいかげんな攻撃をすると、その後で、いくら挽回《ばんかい》しようとしてもうまくいかないのである。とにかく最初から全力でいこう。

魅力は、隠そうとしないで、最初からどんどん出したほうがいいのだ。

怒りっぽい気分は、糖分の摂りすぎが原因!?

もしあなたが自他ともに認めるほどの「怒りっぽい性格」で、それによって嫌われているのだとしたら、ひとつの原因として、あなたが甘党だからかもしれない。

つまり、ちょっとだけ甘いものを控《ひか》えるようにすると、怒りっぽい性格が改善されるかもしれないのだ。

「甘党ほど、人間関係でケンカがたえない」

という驚くべきデータがある。これを発表しているのは、カリフォルニア州のサンタ・バーバラにある結婚問題研究所の所長であるマリー・J・ハンガーフォード博士。

博士は、長年にわたる自身の臨床《りんしょう》経験によって、次のように結論している。

「甘味は、男女の関係を破壊する物質としかいえません。結婚生活が破綻《はたん》する原因の

50〜75％は、甘味の摂《と》りすぎだといえます。私のところに相談に来る夫婦の４組のうち３組は、夫婦ともに甘味を摂取《せっしゅ》しすぎていて、とにかくケンカがたえない状態なのです」

ハンガーフォード博士のデータは、夫婦を対象にしたものであるが、これは人間関係にも当てはまりそうだ。つまり、しょっちゅう甘いものをパクパク食べているような人ほど、短気で怒りっぽいものなのである。

甘いケーキを５個も６個も平気で食べられるような人は、だいたいは怒りっぽい性格であり、怒りっぽいがゆえに、周囲の人との衝突がたえないところがある。

なぜ、甘党ほど怒りっぽいのか。それは、生理的な側面から説明できる。だいたいにおいて、心に不満がある人ほど、甘いものをたくさん食べてしまうものだ。その原因は、アドレナリンである。欲求不満やら緊張を感じると、私たちの血液の中にはアドレナリン分泌《ぶんぴつ》が多くなる。アドレナリンは、血液の糖分をエネルギーとして消費してしまうので、糖分が欲しくなるのだ。怒りっぽい人が、甘党なのは、そういう理由があるのである。

たしかに、心に不満があると、甘いものを身体が欲しくなる。しかし、それを我慢するようにすると、アドレナリンがエネルギーとするための糖分がなくなるわけで、気分が落ち着くのである。

怒りっぽい人は、人間関係もうまくいかない。なぜなら、相手の悪いところや欠点ばかりが目について、よいところを探そうとしないからである。いつでもイライラしているように見えるし、心からの笑顔も作らない。だから、嫌われる。

こういう性格を少しでも改善したいのなら、「もっと寛大《かんだい》な気持ちにならなきゃ」などと自己暗示をかけるよりは、甘いものを少しだけ控えるようにしたほうが、効果が大きいものだ。「もっと寛大になろう」と自己暗示をかけようとしても、たいていはうまくいかないからである。

イライラしてくると、なぜか甘いものを摂取したくなる。こういうとき、普通の人は、自然に甘いものを食べてしまう。しかし、イライラがおさまるのは食べているときくらいで、食べ終わってしばらくすると、もっとイライラしてくるものなのだ。だからこそ、不満や緊張から甘いものを食べたくなっても、少し我慢するのがよいのである。

第4章

職場の雰囲気をガラリと変えるテクニック

部下や後輩と飲みに行くときには、ワリカンにする

上司や先輩の中には、部下や後輩を飲みに連れ出すときには、自分が奢《おご》るものと決めてしまっている人がいる。

しかし、上司や先輩だからといって、必ずしも全部を奢る必要はないのではないか、と筆者は思っている。基本はワリカンでよい。もしあなたが一緒にいて、本当に楽しい人物ならば、ワリカンでも部下や後輩はついてきてくれる。

「奢ってくれないなら、イヤだなぁ」と言われるようなら、相手はあなたと飲みたくないのである。あなたが本当に好かれている人間なら、たとえワリカンでも相手は喜んでついてきてくれるはずなのだ。

どうしても、上司や先輩としてのメンツもあるというのなら、あなたが少しだけ多

く払うようにすればいい。とにかく、1000円でも2000円でもいいから、部下や後輩にもきちんとお金を出してもらうようにするのがポイントである。

奢れば奢るほど、部下があなたのことを慕《した》ってくれるかというと、実際は、逆である。人間というのは、奢ってもらうと感謝をするというより、増長して、つけあがってくるものだからだ。だからこそ、相手にも少しは出費を強《し》いるくらいで、ちょうどいいのであるし、そのほうが飲み会も盛り上がる。

部下や後輩にも、お金を払ってもらうようにすると、「せっかく自腹《じばら》を切るのだから、自分も楽しまないと損だ」という意識が働いてきて、率先《そっせん》して場を盛り上げようとする。だからこそ、飲み会が面白くなるのだ。その点、上司が奢ってくれる場合では、「どうせ、自分のお金ではないから」とか「付き合いなのだから」という意識が出てきてしまい、シラけた飲み会になってしまうのだ。

ワリカンで飲もうという場合には、なぜか二次会、三次会と、部下がついてきてくれる。お金を払った分だけ楽しもうという気持ちが強いからだろう。だが、上司が奢るような飲み会では、たいていは一次会だけで終了してしまい、部下や後輩も、なかなかついてこない。

筆者自身もそうだが、会社のお金でお酒を飲んだり、接待されたりするときよりも、**自腹を切って飲みに行くときのほうが、何十倍も楽しい。自腹を切るというのは、「その分だけ、楽しんでやれ」というモチベーションを高めるのだ。**

ペンシルバニア州にあるスワースモア・カレッジの心理学者ケネス・ガーゲン博士たちの研究グループは、アメリカ、日本、スウェーデンの３カ国で実験を行い、お金の貸し借りはフィフティ・フィフティになるようにするのが最善である、ということを確認した。

この実験では、お金を借りるときに、

①　少し色をつけて返してくれという条件
②　同じ金額を返してくれという条件
③　返してくれなくともよいという条件

の３つで比較すると、相手への魅力が高くなるのは、同じ金額を返してくれと頼んでくる条件であることを確認したのである。

私たちは、相手から恩を受けすぎたり、逆に、損をするのはイヤなのであって、対等の関係の相手を最も好ましいと評価するのである。

とりわけ、この傾向は、日本の参加者によく見られた。日本人は、恩を受けすぎるのも、自分が損をするのも、どちらもイヤだったのだ。

だから、ワリカンで飲むようにすると、お互いに気持ちよくなれる。

「たまには飲みに行こうぜ、ワリカンだけどな」

と笑いながら誘《さそ》ってみてほしい。すぐにＯＫしてくれるなら、あなたは好かれているのであるし、もし何やかやと理由をつけられて断られるなら、まだまだあなたの「人たらし」は本物ではないということである。

ジェネレーション・ギャップにビクビクしない

「若者と話すのが怖いんですよ」と答える中高年の人たちが増えている。「ジェネレーション・ギャップ」という言葉自体は、もうずいぶん昔から使われていたわけだが、最近は、特にその傾向が強くなっているような気がする。

まだ30歳くらいの若さなのに、すでに20代前半の人とは会話ができないといって嘆《なげ》く人もいる。たかが10歳くらいしか年齢が違わないのに、「どんな会話をしていいのか、わからない」というのだ。筆者は、こういう相談を受けるたびに、次のようにアドバイスするようにしている。

「いいですか、そもそも会話というのは〝感性〟がベースになっているんですよ。〝感性〟がベースなわけですから、モノの感じ方が似ている相手なら絶対に話は通じ合います。若者とは話が合わないなんて思い込み以外のなにものでもありません」

たしかに、若者の言葉はわかりにくいところがある。省略語などを使われると、筆者もチンプンカンプンである。だが、だからといって、若者と会話ができないかというと、そんなことはない。**所詮《しょせん》、同じ日本人であれば、モノの感じ方は、それほど違いはないはずだ。**

筆者は、硬く炊《た》いたお米が好きであって、軟らかいお米はあまり好きではない。小雨は大嫌いだが、どしゃぶりの雨は好きだ。夏よりも冬のほうがアイスクリームがおいしく感じる……と、だいたいこのようなモノの感じ方をするのだが、同じような感性を持っている人なら、年齢を問わず、会話ができるものである。何も怖がることはないのだ。

よくないのは、頭から、「若者とは話が合わない」と決めつけてしまうことである。若者としゃべっていて、1回か2回くらい、話が合わないこともあるだろう。だが、それは「若者全部」と話が合わなかったのではなくて、ただその人との感性が合わなかっただけだと考え、あまり深く悩むべきではない。「若者っていうのは……」とひとくくりにして考えると、どんな若者とも口がきけなくなる。

思い込みがあると、私たちは、普段のようにリラックスして話すことができなくなる。したがって、そういう**思い込みをなくすことが先決である。**思い込みをなくすのは一筋縄《ひとすじなわ》ではいかないが、まずは気軽に挨拶《あいさつ》するようにし、それから少しずつ世間話などをするようにすればよい。

最初は「おはようさん」とだけ挨拶していたものを、慣れてきたら、「おはようさん、もう夏だね」と一言だけ増やせばいい。それだけでいい。難《むずか》しいことは何もないが、これだけでも、若者嫌いは治《なお》ってしまうものだ。

若者を敬遠《けいえん》しないようにするため、街中で、若者を狙《ねら》って道をたずねてみるのもいいアイデアだ。わざと知らないようなそぶりで、若者に道を聞いてみる。すると意外に丁寧《ていねい》に道を教えてくれたりして、「ずいぶん感心な若者だなぁ」とビックリすることもあるだろう。ともかく、こうやって接点を増やすようにすると、若者を敬遠する気持ちなど、どこかに吹き飛んでしまうものである。

同じことは、異性に対してもいえる。異性に対して口をきくのが怖いという人の多くは、単純に〝慣れ〟ていないだけなのである。どんどん話しかけてみれば、そのうち怖さもなくなるはずだ。

部下を〝王様〟のように扱う

人に接するときには、相手を〝王様〟や〝お姫様〟のように扱ってあげるとよい。ビジネスの基本は、「お客は神様」と考えるサービス精神から成り立っているが、この考えは接客だけでなく、あらゆる人間関係の基本なのではないか、と筆者は思っている。**人間関係は、サービス精神で成り立っているのだ。**

ある教育心理学者は、「月に一度、自分の子どもを王様や、お姫様のように扱ってあげなさい」とアドバイスしているが、これはビジネスにも応用がきく。

相手を、〝王様〟だと思ってあげること。忠実なるペットのようにふるまってあげること。この2点を守っていただければ、どんな人でも「人たらし」になれるのである。あなたが上司であるなら、なおさら地位が上であるということを忘れて、低い気持ちでいることが大切である。

ＩＢＭのＣＥＯ（最高経営責任者）だったトーマス・ワトソンJr.は、「部下を尊敬してあげるだけで、会社は大いに利益があがる」と述べているが、まさにそうなのだ。

誰でも上司や先輩になると、部下を「管理」してやっている、という大いなる錯覚《さっかく》をしてしまう。これが、そもそも間違いなのだ。部下であろうが、年下であろうが、〝王様〟や〝お姫様〟のように扱ってあげるからこそ、部下に慕《した》われるのである。

「そろそろ新人を飲みにでも連れて行ってやるか」などと考えないほうがいい。そういう考えは、部下を〝下〟に見てしまっている。そもそも、彼らは、ホンネとしては上司のあなたとなど、飲みに行きたいとは思っていない。

「飲みに〝連れて行ってやる〟」という発想は、そもそもダメなのだ。そういう発想をしているから、部下に嫌われるのだ。もっと正直に言おう、「若いキミたちと飲みに行きたい」と。

「キミたちと飲みたいんだ、ダメかな？」と下手《したて》に出ることとは、決して上司としての威厳を貶《おとし》めることにはならない。飲み会というのは、仕事が終わったあとの、プライベートな時間なのだから、部下を誘うときにも、「キミのプライベートな時間を割《さ》いてもらって、申し訳ない」というくらいの気持ちでいたほうがいいのだ。

戦略的に下手に出ることは、決して自分のプライドを傷つけることもない。なぜなら、自分自身で理解してやっていることなのだから。

ホテルで働くスタッフは、宿泊客に懇切《こんせつ》丁寧なサービスを提供してくれるが、だからといって、プライドを傷つけられているわけではない。「あんなお客に頭を下げるのはイヤだ」などと考えて、接客をしているわけではない。上司であるあなたが、部下に頭を下げるのも、同じようなものである。

サービス精神を理解しておけば、「なんで俺が、こんな若造《わかぞう》に頭を下げなきゃならんのだ」という発想は、そもそも生まれないはずだ。

腰を低くするのは金儲《かねもう》けの秘訣《ひけつ》であるが、それはまた人間関係の秘訣でもあることを忘れないようにしたい。上の立場から何かをしてやろう、と思い上がった考えをしているからこそ、どんどん部下の心が離れるのである。

「説得」しようとするのではなく、「レッテルを貼る」

ビジネス雑誌には、相変わらず、「部下を動かす○○法」とか「このセリフを覚えれば、部下も納得してくれる」などという企画や特集が毎号のようにどこかで載《の》っている。それだけ部下を動かすことに興味関心のある上司が多いということであり、それだけ部下の動かし方のヘタな上司が多いということでもある。

部下を動かすときに肝心《かんじん》なことは、「説得しようとするな！」ということだ。たいていの場合、説得は効《き》かない。なぜなら、社内での立場が上位である上司が説得しようとすると、それは「説得」ではなくて、「説教」になってしまうからである。

説得がうまくいくのは、基本的には立場が同じである人物がやる場合であって、立場が上の人間が説得をしようとすると、どうしても上から押しつける感じになってしまうのだ。

上司と部下では、そもそもの立場が違う。警察官と被疑者、学校の先生と生徒のように、立場が違う関係では、えてして「説得」というより、「説教」になってしまうことが多い。よほど自分から下の立場におりていかないと、説得はうまくいかない。

では、部下を動かすときには、どうすればいいか。そんなときに役立つのが、〝レッテル法〟である。**「○○しろ！」と言うのではなく、「キミは○○の人間」というレッテルを貼《は》るだけでいいのだ。**上手にレッテルを貼ってあげると、部下のほうも、「なるほど、自分はそういう人間なんだ」と納得してくれ、結果として、その通りのふるまいをしてくれるようになる。

この原理は、ノースウエスタン大学のリチャード・L・ミラー博士たちによって確認されている便利な方法だ。ミラー博士たちは、シカゴにある公立小学校5年生たちに、教室のゴミを散らかさないように教えるという実験をやってみた。

その際、あるクラスの子どもたちには、レッテル法、すなわち、「みんなとてもキレイ好きなのね」とか「このクラスは、ゴミを散らかさない生徒ばっかりなのね」と話しかけてみた。そういうレッテルを貼ってしまったわけである。別のクラスの子どもたちには、通常の説得法、すなわち、「どうしてゴミを散らかしてはいけないのか」ということを理屈っぽく説明してみた。

どちらのクラスとも、実験を開始する前には、ゴミをきちんとゴミ箱に捨てるのは約20％である。ところが、「みんなキレイ好きな人たち」というレッテルを貼って話しかけるようにしたところ、なんと80％以上の子どもたちが、きちんとゴミを捨てるようになったのだ。先生がゴミを捨てるようにと説得した場合では、45％ほどの子どもしかゴミをきちんと捨てるようにならなかったことから考えると、レッテル法のほうが、ずっと効果的であることが確認されたわけである。

立場が上の人間が、下の人間を「説得しよう」というのは、あまりよい方法ではない。下の人間は、どうしても反発しようとするからだ。その点、**レッテル法では、そういう押しつけがましさを巧妙《こうみょう》に隠すことができ、下の人間もそれを受け入れやすいわけである。**

もしあなたが遅刻ばかりしてくる部下をたしなめたいのなら、「遅刻することがいかに会社に損害を与えるのか」といった説得をしようとするより、ことあるごとに「お前は、きっちりした人間」というレッテルを貼るだけにしたほうが効果的である。

私たちは、レッテルを貼られると、そのレッテルと一致するような行動をするようになっていく。「あなたは勉強が好きなのね」と母親に言われて育った子どもは、全然そんなことはなかったのに、次第に勉強好きな大人になっていくように、私たちは、他人に貼られたレッテル通りの人間になってしまうのである。

本当に説得の上手な人は、ひと目で「説得」とわかってしまうような説得を〝しない〟ものなのだ。自然な会話の中で、上手に部下にレッテルを貼っていこう。そうすれば、あなたが望んだ通りの人間に、部下を変えさせることができるのだ。

「命令」ではなく、「確認」する

私たちは、命令されるのが好きではない。3歳ほどの子どもでさえ、親から「○○しろ」と言われれば、怒り出す。大人なら、なおさらである。

私たちは、上からモノを言われると、「絶対に、そうするもんか！」という意地を張ってしまうものである。だからこそ人に何かをさせるときに、命令するのは最低の方法なのだ。

どんなに丁寧に命令してみても、命令であることには変わりがない。人に好かれたいなら、命令するのをやめることだ。とはいえ、仕事をするときに「命令」はつきものであるから、なるべくキツイ表現にならないよう、水で薄める必要がある。

そんなときに役立つのが、「確認」するという手法である。確認ならば、相手も腹は立たない。「あくまで確認してるだけなんだけど……」という雰囲気をかもし出すようにするのがコツだ。

「早く書類仕上げてくれよ」
⬅
「そうそう、あの書類、仕上げてくれた？」

「取引先に連絡しといてくれ」
⬅
「取引先に連絡してほしいって、もう言ったっけ？」

「報告書は、すぐ書くんだぞ」
⬅
「この報告書は、急ぎだったかな？」

「そこの窓閉めてくれよ」
➡ **「そこの窓を閉めてもらっても、かまわない？」**

「商品は2階に運んでくれ」
➡ **「商品、2階まで運べる？」**

「絶対に今日中に片づけろよ」
➡ **「今日中に片づけられそう？」**

これらの例からわかる通り、命令表現を、確認表現に置き換えるようにすると、ずいぶん柔らかな感じになることがわかるだろう。**確認法は、命令を、単なる事実の確認であるかのように見せる効果があるのだ。**

人に命令するというのは、相手の自由を奪う行為になりがちであるが、確認するだけならば、相手に「選択の余地」があることを伝え、しかも相手の自由意志を尊重しているニュアンスを出せるのだ。

人たらしは、基本的に強すぎる命令をしない。確認するだけでも、相手には、こちらがどんな願望を持っているかが伝わるので、十分なのだと考える。

ただし、確認法も度を越すと、相手をうんざりさせる危険がないわけではない。

「今日中に、終わりそう?」「終わるよね?」「大丈夫だよね?」と念を押しすぎると、「さっさと終わらせろ!」という命令以上に、悪影響を及ぼすことがある。この場合には、皮肉っぽいヤツだと思われてしまうので注意が必要である。

小言は「週末の帰宅直前」に

部下を叱《しか》るときには、タイミングも重要だ。どんな叱り方をするにしろ、叱られたほうは自尊心がキズつけられるのであり、叱ってくる人間にムッとするものである。だからこそ、上司としては叱るタイミングにも注意したい。叱っても大丈夫なときと、叱るのを避けたほうがいいタイミングがあるのだ。

しばらく前に、筆者が『スーパーバイザーズ・サバイバル・マニュアル』という本を読んでいたら、**部下を叱るのに〝最悪〟のタイミングは、「月曜日の午前中」**と書かれていた。心理学的に見ても、たしかに、部下を絶対に叱ってはいけないタイミングだ。月曜の午前中だというのに平気で怒鳴り声をあげているような上司がいるのだとしたら、その人は上司としての能力がない。よほどの理由がないのなら、月曜の午前中には叱るのを避けよう。

なぜ月曜の午前中は、叱ってはならないのか。その理由は簡単で、月曜の午前中に叱ったりすると、部下のほうは、その1週間ずっと気分が悪くなるからである。あなたと顔を合わせるたび、叱られたことが脳裏《のうり》に思い出され、そのたびにムカムカしなければならなくなるのだ。

だいたい、どんな人でもそうであるが、叱られた直後というのは、相手をひねり殺してやりたいくらいの怒りを感じるものだ。しばらく時間が経過すれば、冷静に自分を見つめられるようになり、「やっぱり、○○さんに、叱ってもらってよかったのかもしれない」と思うようになることもあるが、叱られた直後では、到底ムリだ。

賢明《けんめい》な読者なら、もうおわかりかもしれないが、**叱るのに絶好のタイミングは、「週末の、それも帰宅直前」である。**このタイミングで叱るなら、〝休日〟という冷却時間をおくことができる。その間、あなたと顔を合わせることもないだろうから、部下のほうもそれなりに冷静になってくれる。そうすれば、翌週に顔を合わせたときに、怒りが持続していることがなくなって、スッキリしていることが多くなるのだ。

1週間のスパンでなく、1日のスパンで考えるなら、やはり部下の「帰宅直前」を狙って叱るのがいいだろう。部下がもうすぐ帰りそうだ、というタイミングで叱るなら、翌日まではお互いに顔を合わせることを避けることができ、しかもたいていの人は、夕飯を食べて眠ってしまえば、それなりに怒りを沈静化《ちんせいか》してくれるものである。

嫌われる上司は、月曜だろうが、午前中だろうが、平気で怒鳴り散らしている人間である。そんなタイミングで叱れば、その1週間ずっと、あるいはその一日中ずっと、お互いに気まずい思いをすることを考えないのだ。

よほど部下が生命にかかわるような危険なミスをしたとか、取引先に重大な損害を与える問題を引き起こしたというのなら、その場で叱る必要がある。その場で叱らないと、ことの重大さを認識させられないからだ。

しかし、そうでないのなら、叱るタイミング、小言《こごと》を言うタイミングに注意してほしい。叱るのがうまい上司とヘタな上司とは、叱り方の内容に違いがあるのではなくて、ただ**タイミングを見計らうのがうまいかヘタかの違いがあるだけなのである。**

30分以上遅刻するくらいなら、いっそのこと休む

「うわぁ、このままじゃ遅刻しちゃうよ」

こんな場合、ほとんどの人は、大慌《おおあわ》てで会社に出勤しようとする。しかし、たいていの場合には10分や20分くらいの遅刻をしてしまうものである。

たまの遅刻、それも10分程度の遅刻なら許されるかもしれないが、30分も遅刻するなら、いっそのことその日は休んだほうがいい。なぜなら、遅刻してコソコソと自分の机に向かおうとすると、どうしても〝目立つ〟からだ。悪い意味で〝目立つ〟くらいなら、いっそのこと休んでしまったほうがいい、というわけである。あるいは、病院に行ってブドウ糖などの点滴《てんてき》でもしてもらってから、〝午後に〟出勤すべきである。

なぜ30分の遅刻がよくないのか。それは、出勤時間から30分も経つと、周囲の人た

ちは、すでに完全な「仕事モード」になっているからである。そんなときにあなたがニヤニヤ笑いながら遅刻してくると、温厚《おんこう》な人でさえ、「何やってるんだ、あいつは！」と憤《いきどお》りを覚えるに決まっている。

朝の多忙な時間帯の30分というのは、ヒマな午後の2時間くらいの重みがある。その時間をサボっていると思われるのは、あなたの印象評価に非常なマイナスの働きをする。だからこそ、朝の遅刻だけは、絶対に避けなければならない。

遅刻をするなら、大幅に遅れて、午後のほうがいい。30分遅刻して「ゲリで、不調だった」と訴えても、そんなものは言い訳にしかならないが、午後になれば不思議と許してもらえるものである。特に、お昼を食べてみんなが満腹のタイミングを狙って出勤するようにすると、「あいつは身体を壊《こわ》しているのに、感心なヤツだ」と思ってくれて、ちょっとしたヒーロー気分を味わえるかもしれない（ただし、この方法は頻《ひん》繁《ぱん》に使うと効果が薄れる）。

たいていの人は、午前中の忙しい時間帯を終えて、昼食をとると、心のほうも、多少はおおらかになる。だから、そのタイミングならあなたの遅刻も大目に見てもらえるのだ。

これだけは、はっきり述べておきたいが、「遅刻常習者」であると、それだけで魅力は大いに減じるものである。だからこそ、出勤時間にしろ、人との待ち合わせにしろ、時間を守れないような人は、それだけで大きな損をしていることを、絶対に忘れないようにしてほしい。

ひとつでも悪いところがあると、あなたの全人格が悪く評価されるようになってしまう。これを心理学では「ホーンズ効果」と呼ぶ。

「遅刻」という汚点《おてん》があると、たったひとつの汚点のために、「仕事ができない」とか「約束を守らない」とか「いいかげんな性格」というように、どんどん悪く評価されてしまうわけだ。

どんなに仕事ができる人間でも、「遅刻をする」人は、基本的に信頼されない。日本人は、なぜか出勤時間にやたらうるさい人が多いので、この点でマイナスの評価を受けると、たとえどんなに仕事をがんばっても、「仕事ができる人間」とは見なしてもらえなくなるので注意が必要である。

人たらしの極意《ごくい》は、人に嫌われないようにすることを考えることであるが、それには朝の遅刻は厳禁である。たとえ、普段から他人との約束を守るようにつとめたり、

「部長にご相談するのは筋違いかもしれませんが、ぜひご相談にのっていただきたく……」

このように持ちかけると、単純に、相手は喜んでくれるものである。なぜなら、〝相談された〟ということによって、「自分は頼りがいのある人物である」とか「部下に依存してもらえる上司である」などという気分になって、気持ちがいいからだ。私たちは、相談されたり、頼られたりすると、鼻が高くなるのである。

相談を持ちかけた場合、上司から何らかのアドバイスをもらったら、大げさに「なるほど」とか、「それは参考になります」とうなずいておけばよい。必要ならメモをとったり、「これは、○○のことでしょうか？」などと、もっともらしく質問をしてみてもよい。こうやって相談しておくのが、人たらしのポイントだといえよう。

ただし、決定の直前になって相談するのはよくない。直前すぎると、「こいつはすでに腹を決めていて、俺の話を聞くつもりなんかないな。ただ儀礼的に聞きにきただけなんだろう」と余計な勘《かん》ぐりをされてしまうからだ。なるべく早く相談したほうがいいのは、そのためである。

たとえば、今日の午後に上司に相談して、明日の朝の会議で発表するというのでは、よくない。相談から決定までの時間が短いと、本気で相手を頼っているようには見えないからだ。

植物にしっかりと根を張ってもらうためには、じっくりと時間をかける必要がある。これは、「根回し」もそうなのだ。パンを作るときにも、生地《きじ》をこねてから、しばらく寝かせておかないと、おいしいパンは作れない。それと同じようなものである。

たとえ上司からトンチンカンなアドバイスをされたとしても、わけのわからない提案をされたとしても、「聞いていただけただけで、ホッといたしました」と感謝しておくことも忘れてはならない。

「また、ご相談してもかまいませんか？」と念を押し、「あなたのアドバイスは適切であり、私はあなたを信頼している」というアピールを匂わせることも忘れてはならない。

聞く必要のないことを、あえて聞く。

相談する必要のないことを、あえて相談する。

面倒くさいと思われるかもしれないが、そうやってあらかじめ根回しをしておくと、決定から実行までがスムーズにいくようになるし、無用な批判をかわすことができる。

どんな仕事をするにしろ、関係者全員が納得できるような下地《したじ》を作っておくのは、とても大切なことである。

第5章

人を惹きつける「会話力」の磨き方

BLACK PSYCHOLOGY OF MAGNETIC MEN

いい声でしゃべれば、どんな人も味方にできる

芝居の世界では、「一に声、二に振り、三に姿」と言われている。一番大切なのは、「声」だというのだ。身振りや、外見も重要だが、それ以上に「声」が重視されているのである。いい声で話すのは、人を惹《ひ》きつけるポイントだといえよう。

いい声を出すときのヒントは、語尾《ごび》をはっきりと言うことである。

語尾が聞き取りにくいと、それだけで悪いイメージを与えてしまうからだ。たとえば、「おはようございます」と挨拶《あいさつ》するとき、「おはようございま……」あたりまでしか聞こえない声でやる人がいるが、大変にイメージが悪い。せっかく挨拶するのなら、最後までしっかりとやるべきだ。中途半端なのが、一番よくない。

筆者は、職業柄、いろいろな人に会っているが、自己紹介してくるとき、「〇〇出

版の……」とか「○○プランニングの……」などという社名はよく聞こえるのだが、肝心《かんじん》の名前がよく聞き取れない人が多い。自分の名前まで、はっきりと声に出してくれないのだとしたら、いい印象を持ちようがないのだ。

この語尾をきちんと言うようにすると、それだけで爽《さわ》やかなイメージが出せる。だからこそ、モゴモゴとやってしまうのはもったいないのにな、と筆者は思う。

「終わりよければ、すべてよし」というのは、声の出し方のポイントでもある。語尾をはっきりさせると、それだけでいいイメージが残る。いくら途中で、明瞭《めいりょう》な声を出していても、後半になってモゴモゴとやってしまうと、いったい何を話しているのか、理解できなくなってしまうのである。

アナウンサーは、文章の最後をきっちりと発音するように心がけるそうであるが、それというのも日本語では、文章の最後に大切な動詞がおかれるので、そこが聞き取れないと、全体の意味もつかめなくなってしまうからだ。

また、メリハリ、強弱をつけるというのも、会話のポイントである。日本語は、どうしても平板な話し方になってしまうので、なるべくメリハリをつけて話すようにすると、相手にとても聞きやすい。

その際に注意すべきは、「休止」を上手に使うことだ。強調したい直前で、ちょっと間をおいて話すようにすると、強弱がついて聞き取りやすく、相手に親切である。「絶対にオススメですよ」とダラダラと言い切るのではなく、「絶対（休止をおく）、オススメですよ」のように休止をおくと、「ああ、これはオススメなのだな」というところが強調されて伝わるのだ。

最後に、いい声を出すためのトレーニング法も紹介しておこう。

堅いがっしりした声にしたいときには、「カケキコク」や「タテチトツ」、口を滑《なめ》らかにしたいときには「ラレリロル」、声をスムーズに出すようにしたいときには、「ハヘヒホフ」や「パペピポプ」、柔らかな声を出したいときには「マメミモム」の発声トレーニングが有効である。

「ラ」の音階でおしゃべりし、面白くなくとも〝自分から〟笑う

オレゴン大学の心理学者ピーター・ルーイソン教授らの研究によると、うつ状態の人とそうでない人をグループ討論させると、うつ病のグループの人は、説得力がなく、感じも悪かった。この実験からわかるように、暗い感じの人は、どうにも人気が出ないようである。

たとえ読者のみなさんが、もともと性格的に陰気で、普段は暗いタイプだとしても、せめて人に会うときくらいは、明るく、闊達《かったつ》な雰囲気を振りまけるようにしたい。

陽気な人間、という評判をたてるのがポイントである。

「あの人と一緒に仕事をしていると、元気が出る」

「あの人の周囲にいると、幸せな気分になれる」

〝人たらし〟をするのなら、このような評判作りを心がけたいものである。

では、どうすれば「楽しさ」を感じさせることができるかというと、いくつかの戦術がある。

まずひとつ目は、「声」に気をつけること。

すなわち、普段おしゃべりしているときの、20～40％くらい大きな声を出すようにすること。また、ドレミファソラシドの音階でいえば、「ラ」の音くらいの声で話そう。そうすると、明るい感じが出てくる。

「おはよう！」とか「こんにちは！」という挨拶の段階から、声にハリを持たせるように注意すると、その後の会話もスムーズにいく。出だしから、「この人といると元気が出てくるようだ」という印象を与えるようにするのだ。

また、自分から率先《そっせん》して笑ってしまうのもいい。

たとえつまらない話をしていても、大げさに、声を出して笑い転げていると、自然と相手も楽しくなってくるものである。「アハハハハハ」という偽《いつわ》りの笑いでも、笑い声を聞いている相手は楽しくなってくるのだ。

テレビのバラエティ番組などでは、「アハハハハ」という観客の笑い声が聞こえて

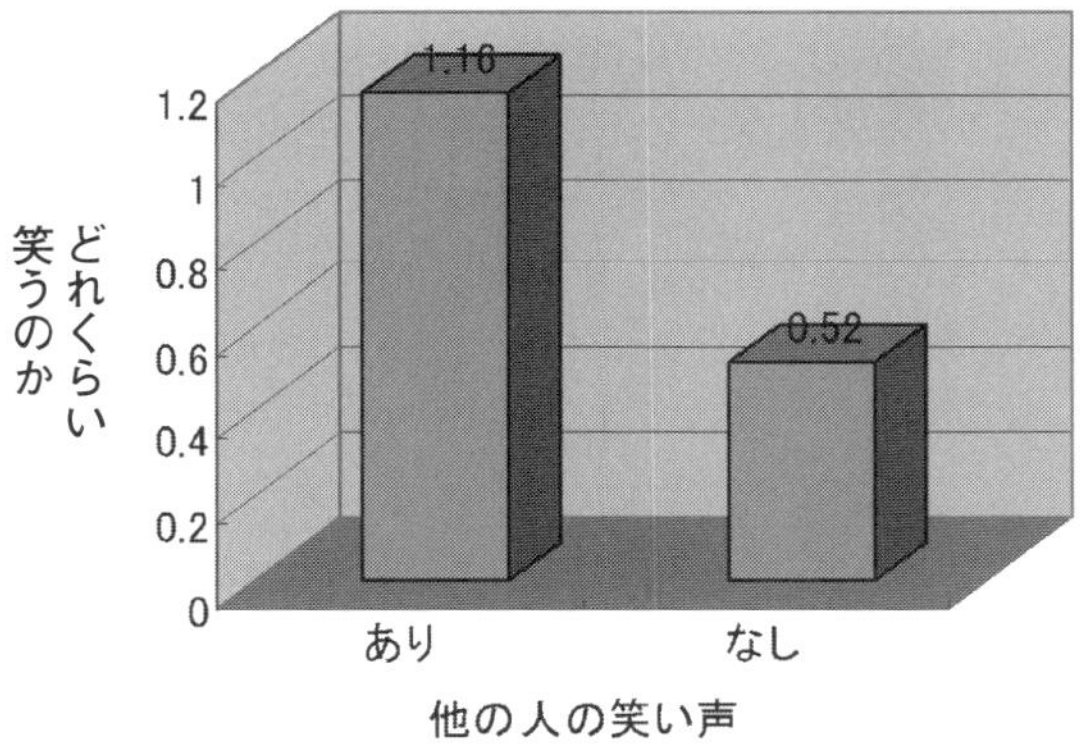

図：あなたが笑っていれば、相手も「つられて」笑ってしまう（出典：Nosanchuk, T. A. & Lightstone, J.）

くることがある。実際の観客が笑っていなくとも、そういう声をあらかじめ用意しておき、それを流すわけである。こういう「埋め込みの笑い」は、いわばインチキな作り物であるが、それでもテレビ視聴者は、つられて笑ってしまうというデータがある。

カナダのカールトン大学のT・A・ノーザンシュック博士と、J・ライトストン博士は、40名の男女に、ヘッドホンをつけさせいくつかの小話を聞かせてみた。ただし、半分の小話では、途中に「埋め込み」された笑い声が聞こえてくるようになっていて、残りの小話では、そういう笑い声は聞こえてこなかった。

すると、小話を聞いている人たちは、他の人たちの笑い声を聞くと、つられて自分も笑ってしまうことが判明したのである（139ページ図参照）。他人の笑い声を聞くと、私たちは自分も楽しくなってしまうのであった。

この実験では、さらに面白いことも発見された。実は、ジョークなどまったく含《ふく》まれていない小話でも、「アハハハハ」という笑い声が埋め込まれていると、実験参加者たちも一緒になって笑ってしまったのである。

この実験からわかる通り、**他人を楽しませるためには、まずは自分から積極的に笑うことである。そうすれば、相手も「つられて」笑ってしまうのだ。**

声を出して笑っていれば、相手は愉快な気持ちになれる。話している冗談《じょうだん》がつまらなかろうが、退屈な話題であろうが、あなたが声を出して笑っていれば、相手もつられて楽しくなってくるのである。

断定口調で話さない

物事をスッパリと白か黒かで分けてしまうような話し方は、よくない。**断定的な口調、決めつけるような発言をすると、聞かされる相手は、ムッとすることが心理学のデータからわかっているからである。**

ほかにも、いくらかは考える余地があるようなあいまいさを残しておくのがポイントだ。


「100%、A案で〝問題ありません〟」

「オススメ定食にしておきなよ。〝間違いない〟からさ」

「私は、はっきりと断定できます」

「わが部署が選択できる道は、〝ひとつしか残されていない〟と思うのです」

「これが正しいことは〝自明の理〟です」

これらの表現に対して、読者のみなさんはどんな風に感じるだろうか。なんとなく押しつけがましいような、反発したくなるような気分にならないだろうか。みなさんがそう感じるのだとしたら、他の人だって、同じように感じるはずなのだ。

米国メリーランド大学のアリッサ・S・ジョーンズ博士たちは、「物事を決めつけるような発言をすると、その人の魅力を大いに減じさせる」という科学的なデータを発表している。

白黒をはっきりさせないと気がすまない人の多いアメリカも、やはり断定的な話し方は、鼻につくらしい。

ジョーンズ博士は、女性の患者がカウンセラーに相談をしている場面を映したビデオを実験的に作成してみた。ただし、ビデオは2つ用意されていて、ひとつは「○○に違いない」とか「私は○○と断言できます」などとカウンセラーが断定的に決めつけて話すビデオであり、もうひとつは同じカウンセラー役の人間が、「こんな風にも考えられますよね？」とソフトにしゃべるものであった。

このビデオを150名の大学生を2つに分けて別々に見せたあとで、どれくらいカ

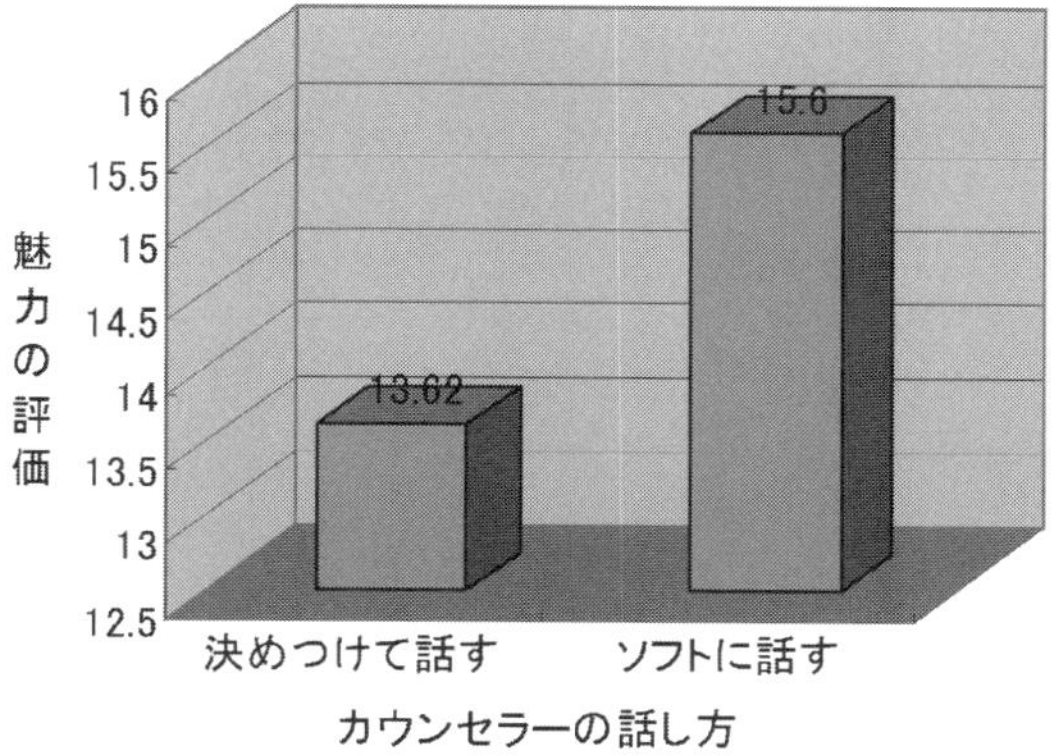

図：物事を決めつけて話すと、魅力が減ってしまう
（出典：Jones, A. S. & Gelso, C. J.）

ウンセラーを好きになったかをたずねてみた。

するとソフトな口調で話をしていたカウンセラーのほうが、ずっと魅力的だと評価されたのである。

さらにジョーンズ博士は、大学生たちに、「あなたに何か悩みがあるとしたら、このカウンセラーに相談したいか？」と聞いてみたのだが、決めつけて話すビデオを見た大学生の多くが、「この先生じゃ、イヤだ」と答えることも明らかにしている。

人を不愉快にさせたくなければ、何事も決めつけるような発言はしないほうがいい。**自分の意見や主張を、グイ**

グイと押しつけようとすればするほど、相手は逃げ出そうとするものだからだ。

どんなに自分の発言に自信があったとしても、「……と考えられなくもありません」とか、「こんな風に私は考えますが、あなたはどう思われますか?」などと、できるだけあいまいに主張をぼかすようにしたほうがいいのだ。

相手のことは、いくらホメても、ホメすぎることはない

人たらしは、他人をホメるのが上手である。どんな人間にも、ホメるべき点、愛すべき点があるものだが、それを探してあげて、どんどんホメてあげてやればよい。

ホメられれば、たいていの人は嬉《うれ》しい。なぜなら、私たちには、基本的な欲求として、「人にホメてもらいたい」という〝承認欲求〟を持っているからである。

ビジネス書やマナー本の中には、「あからさまなお世辞《せじ》は、かえって逆効果になる」などと書かれているが、それはウソだ。たとえお世辞であるとわかっても、ホメられれば絶対に嬉しいはずなのだ。筆者などは、まったくモテないタイプであるが、「先生、とてもおモテになるでしょう?」などと女性から言われれば、それがお世辞であるとわかっても、悪い気はしない。社交辞令だろうが、お追従《ついしょう》であろうが、ホメ

られて気分を悪くする人間などはいないのだ。

「僕は上手にお世辞が言えないから……」などと遠慮《えんりょ》する必要はない。とにかく相手をホメてやれば、絶対に嬉しいのである。上手にやろうとするから、かえってギクシャクしてしまうのである。「何でもいいから、とにかくホメてやれ」という気持ちでいれば十分なのである。

イリノイ大学のS・J・ウェイン博士が、大学生を対象にして、お世辞の効果を調べてみたことがある。どんなやり方が人を喜ばせるのかを調べてみたのだ。

その結果、「なるほど、僕もそう思うんですよ」という安易な同調や、「思った通り、キミは素敵な人だ」などのお世辞は、どんなやり方をしても、相手を喜ばせる効果があった。うまいもヘタもなかったのだ。

ただし、ホメ言葉には、ちょっとしたコツがある。それは「強調する」という作戦だ。ようするに比較する対象を持ち出して、相手をホメてあげればいいのである。

「それを成し遂げられるのはキミだけ」

「キミが一番うまい」

「キミが最初に……」

「キミが特に……」

最後に、どうしても人をホメるのが苦手《にがて》な人が使える作戦も伝授しよう。それは〝感嘆《かんたん》〟の言葉をかけてあげる、という作戦だ。

「すごいなぁ」「なるほどなぁ」「いや、うまいなぁ」という感嘆のセリフを、独り言《ひとりごと》のようにもらすのである。これくらいなら、誰にでもできるだろう。

ちなみに、感嘆の戦術を使うときには、セリフを伸ばすように工夫すると、さらに効果的である。たとえば、「すっごいな～～ぁ」、「な～～るほど」、「いや～～～ぁ、うっまいな～」とセリフを伸ばして驚くのだ。こうすると、あなたの感嘆がさらに強調されて、本当に驚いているように思わせることができる。**このように言葉を引き伸ばしたほうが、説得効果がアップすることは、〝ドラマ効果〟などと呼ばれることもある。**人をホメるときには、ぜひ活用してほしい。

相手の話を聞くときには、面倒でもメモをとる

人たらしは、他人の話を聞くのがうまい。それには、〝全身を使って〟話を聞いてあげていることをアピールするのがいい作戦だ。

聞き上手な人は、概《がい》して、人たらしになりやすい。それはなぜかというと、人の話を聞くこと自体が、相手にとっての「報酬《ほうしゅう》」となるからである。私たちは、自分の話を聞いてもらえると、大変に嬉しいのだ。

では、どのように相手の話を聞くのがいいのか。そのためのひとつの方法は、メモをとってあげることだ。メモをとってあげれば、「あなたの話を聞き流しているわけではありませんよ」とか「大変に面白いお話です」という強烈なアピールができる。

「へぇ、メモっとこ」

「ちょっとメモをとってもいいですか？」

こう言われて、嬉しくない人間などいない。私たちは、誰でも自分の意見を尊重してほしいという欲求を持っており、メモをとってもらえると、その欲求が満たされるからだ。

「必要ないな……」と思えても、メモ帳をサッと取り出して、「へぇ、そりゃ面白い」とか「なるほど、そういう考えもあるわけですか」などと大げさにうなずきながらメモをとってあげると、相手は嬉しくなって、どんどんおしゃべりになっていく。

雑誌の記者やインタビュアーたちは、商売柄か、すぐにメモをとる習慣があるわけだが、そういう人たちは、相手をたらしこむのがうまい。メモをとることによって、「私は、あなたの話にとても関心がある」という姿勢を示すわけで、それがインタビューされる人物を喜ばせる。

筆者も講演をするとき、熱心にメモをとってくれる参加者が多いと、とても嬉しい。「ああ、自分の知識が役に立ってくれるのだなぁ」と単純に思うもので、そういう参加者を見ると、こちらも一生懸命に講演しようという気持ちになる。

ところで、**メモをとるときのコツは、なるべく〝胸元で〟メモをとるようにするこ**

とだ。下のほうでメモをとっていると、なんとなくコソコソしているような感じがするので、堂々と胸元にまでメモ帳を持ち上げ、そこでとるようにするとよい。このほうが、「真剣に話を聞いている」というアピール度が大きくなる。

またメモ帳は、あまり小さくないほうがよい。大きめのメモ帳に、大きな字で大胆に書いていくのがポイントだ。小さなメモ帳に、ちょこちょこと書かれているよりは、大きなメモ帳に書いてもらったほうが、話し手のほうは嬉しいものである。それだけ、自分の話をありがたがってもらっていると錯覚《さつかく》を起こすからだ。

メモをとらないなら、「あなたの話はしっかりと記憶しましたよ」ということを伝えるようにしよう。すなわち、「大変面白いお話ですから、今度、別の人に話してみてもいいですか?」と質問してみたり、「帰ったら、さっそく同僚に話してみますね」などと伝えればいいのだ。こうすれば、相手の話をしっかり記憶したことが、さりげなくアピールできる。

筆者自身はというと、「面白い話ですから、今度の本の中で使ってもかまいませんか?」と聞いてみることがある。相手にすれば、自分が何気なくしゃべった話題を筆者が喜んでくれたと思ってくれるので、やはり効果的である。

なかには、メモをとられることを嫌《いや》がるタイプもいるので、そういうタイプには、独り言のように「そのネタを、他の人にも聞かせてあげようっと……」と伝えるのがいい。

「あなたの話は本当に面白くてタメになった」ということが、言外にさりげなく伝わるからである。

〝倒置法〟で、驚きを強調する

たとえ退屈な話でも、まったく陳腐《ちんぷ》な話であっても、「すごいですね」とか「それは初めて聞きました」などと迎合《げいこう》してあげると、相手は喜ぶ。自分の話が相手の驚きを引き出せるというのは、自尊心をくすぐるからだ。

単純に迎合してあげるだけでも、それなりに効果があげられるのだが、さらにその〝驚き〟を強調してあげると、なおさら相手は喜んでくれる。

「俺の話で、そんなに喜んでくれるのか」「そんなに楽しんでくれたのか！」と思ってくれるからだ。そこまでいければ、あなたの「人たらし」も本物である。

相手にこちらの驚きを強調してアピールする戦略がある。そのひとつが〝倒置《とうち》法《ほう》〟を使うことだ。

〝倒置法〟には、自分の感情を倍加してアピールする働きがある。つまり、倒置法を使えば、喜びも、悲しみも、驚きも、強調して伝えることができるのである。いくつかの例を挙げるので、効果の違いを比較してほしい。

「ホントに、興味深いお話をうかがいました」

⬅

「興味深いお話でした、ホントに！」

「もっとお話を聞かせてください」

⬅

「聞かせてください、そのお話を、もっと！」

「実際に、そういうこともあるんですね」

⬅

「あるんですね、実際に、そういうことが！」

「聞いているだけで、ワクワクするようなお話です」
⬅
「ワクワクするようなお話ですよ、聞いているだけで！」

いくらでも例は挙げられると思うのだが、この辺でやめておこう。ようするに、**自分がビックリしていることを伝えるために、文法をめちゃめちゃにしてしゃべればいいのである。**文法がめちゃめちゃになっているということが、あなたの驚きに真実性を与える。きちんとした文法でしゃべっていると、あなたが〝興奮状態〟にあることがうまく伝わらないのだ。

さらに効果を高めたいなら、倒置法を使って驚きの声をあげると同時に、両眉《まゆ》を上に押し上げるようなしぐさを追加すればよいだろう（これは「アイブロウ・フラッシュ」と呼ばれる）。私たちは、本当に驚いたときに、目を見開いて、両眉を上に上げる。そういう表情を意図的に作ることで、あなたの「驚きぶり」が本物であるかのように相手に伝わるはずだ。

驚きの表情も作らず、しかも普通の文法で、「その話をもっとお聞かせください」などとやっても、相手にはあなたのウソがバレてしまう。「こいつは、私に迎合するつもりで、そんなことを言っているんだな」というウソがバレるのだ。

筆者は一応、心理学の専門家ということもあって、「先生、その話をもう少し詳《くわ》しく聞かせてください」と促《うなが》されることも多いのだが、迎合するためにそういう質問をしているのか、本気でこちらの話を聞きたいかは、すぐにわかる。こちらの話に心から興味関心のある人なら、自然と驚きの会話の文法がめちゃくちゃになり、しかも目を大きく見開いて、両眉が上に上がるからだ。

相手にしゃべらせるときには、倒置法を使って感嘆の発言をする一方で、目をできるだけ大きく見開きながら、両眉を上に持ち上げた表情で迫るのがポイントである。ここまですれば、あなたが意図的に迎合しようとしているのが偽装《ぎそう》できるのだ。

これら8つの基本を守っていただければ、少なくとも相手に不愉快な思いをさせることだけは防げるはずだ。あたりまえのアドバイスばかりであるが、私たちは、ともするとそういう基本を忘れがちであるので、注意が必要である。

プライベートな質問は少しずつ

人たらしは、質問力というか、インタビュー能力に優《すぐ》れている。ようするに、相手に「口を割らせる」のがうまいのだ。

上手に質問してあげれば、相手もプライベートなことをどんどんしゃべってくれる。そうやってプライベートな情報をしゃべってもらえるということは、あなたに心を許した証拠である。心にカベを感じていると、人は、表面的な受け答えに終始するものだからだ。

人たらしになりたければ、相手からプライベートな情報を聞き出せるような技術を身につけておかなければならない。では、相手にプライベートな話をさせようとして、いきなりそういう質問を切り出してもいいものだろうか。

もちろん、それでは逆効果である。相手にプライベートなことをしゃべってもらいたいなら、最初は表面的な質問からスタートし、徐々に、質問のレベルを深層的に深めていくのが鉄則だ。

カウンセラーが、初対面の患者と接するときには、いきなりプライベートなところに切り込んだりしない。そんなことをすると、患者をビックリさせてしまい、いらぬ抵抗感を抱かせてしまうからだ。

どんな人でも、出会ったばかりの相手から、「お母さんとは、うまくいってる?」とか、「性に関する夢を、よく見る?」などと質問されたら、正直に答えるわけがないのである。「なんだ、こいつは、失礼なヤツだな」と思われるような質問は、最初は避けたほうがいい。

ミシガン州デトロイトにあるウェイン・ステート大学の心理学者K・J・カプラン博士たちは、プライベートな領域に踏み込む質問と、表面的な軽い質問でインタビューした場合とで、どれくらい受け手に好印象を持たれるのかを比較している。

たとえば、プライベートな質問をするときには、「キミの初体験の年齢は、いつ?」とか、「両親に対して、どんなウソをついたことがある?」という、かなり深

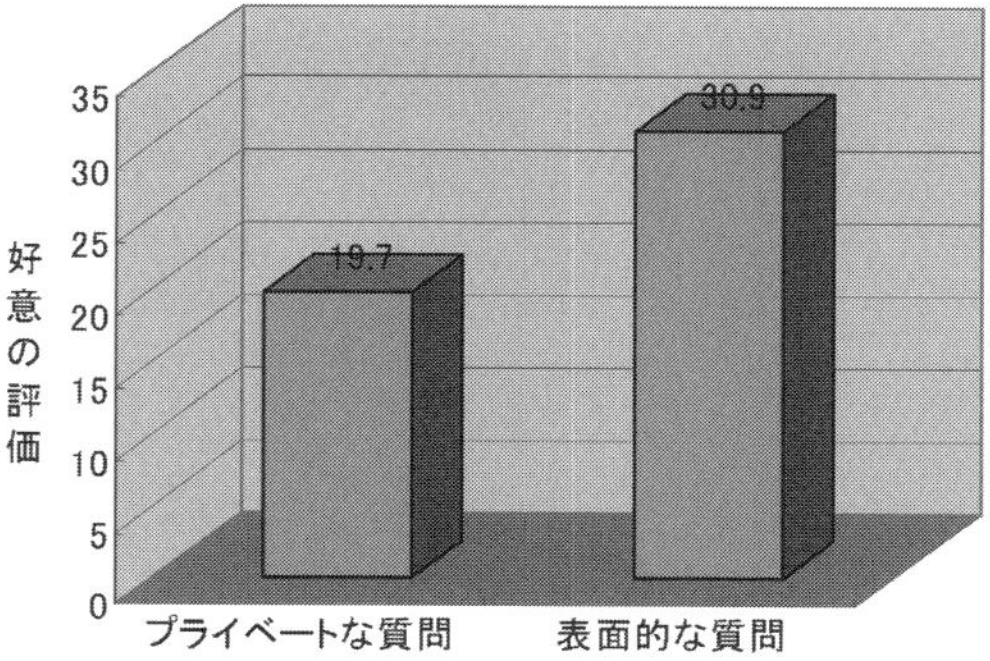

図：いきなりプライベートな質問をすると、かえって評価は下がる（出典：Kaplan, K. J., et al.)

い質問をしてみた。

表面的な質問をするときには、「去年、何回風邪《かぜ》をひいた？」とか「ヒマなときは何をしているの？」などと、答えやすいものを聞いてみた。

この実験の結果、相手のプライベートなことを聞き出すような質問をすると、かえって嫌われることが確認されたのである。私たちは、出会ってすぐの相手に、いろいろと個人的な質問をされるのがイヤなのだ。

とはいえ、あまりに表面的な質問に終始していると、なかなか人間的な絆《きずな》が深まっていかない。

そこで、相手のリラックスの度合い

を見ながら、少しずつプライベートな質問も織り交ぜていく必要があるのである。

技術的には、相手がすぐに答えてくれるような簡単な質問を、いくつか聞いてみて口を軽くしておくとよいだろう。

2つか3つほど、ポンポンとリズムよく返事がかえってくるようなら、一段階ほどレベルを深めればよい。

焦《あせ》る必要はないので、相手の顔色をよく見ながら、個人的な領域に少しずつ踏み込んでいくことが大切だ。急ぎすぎると、相手は抵抗を示し、殻《から》に閉じこもってしまうので注意しよう。

会話の訓練は、「２人だけ」で

人たらしの武器は、会話である。会話上手になることが、人たらしの王道であって、これ以外の方法はない。お金持ちになるとか、美容整形を受けて魅力的な顔だちになることなども、人に好かれる上で重要な要素になるかもしれないが、なんといっても会話がヘタでは、どうしようもないのだ。

本書では、いろいろな会話のテクニックについてもお話ししてきたが、会話のトレーニングをするときには、ちょっとしたアドバイスがある。それは、会話力を磨《みが》きたいなら、１人の相手とやれ、ということだ。つまり、グループでおしゃべりするのをやめ、マンツーマンで会話できるような状況を作り出すことである。

グループでおしゃべりすると、単純に、あなたに回ってくる発言の順番は減ってしまう。全員が同じ時間おしゃべりしようとすると、合計時間を割った分しか、あなたに残らないのである。これでは訓練にならない。

英会話の訓練をするとき、大人数でのグループレッスンを受けるより、講師と2人きりのマンツーマンで授業をやってもらったほうが、英語が話せるようになる。自分から発言する機会が増えるのだから、当然である。これと同じことが、会話にもいえるのだ。

あなたによく遊ぶ友人が3人いるとしたら、あなたを含めた4人で一緒に遊ぶのではなく、1人ずつと会うようにすると、会話力アップのいいチャンスになる。

大勢の人が集まってしまうと、どうしても他の人に依存するようになってしまい(甘えてしまい)、自分から積極的に話題を提供しようとしたり、笑いをとったりしようとしなくなる。これでは、魅力的な話力をつけることなど、できない。その点、相手が1人しかいなければ、無意味な沈黙が多くならないように、何とかして話題をひねりだそうとするだろう。そうやって努力することが、話力に磨きをかけていく。

しかも、グループで会話をしようとすると、どうしても表面的なものに終始しがちで、なかなか相手の深層に触れることはできない。私たちは、2人きりの状況でない

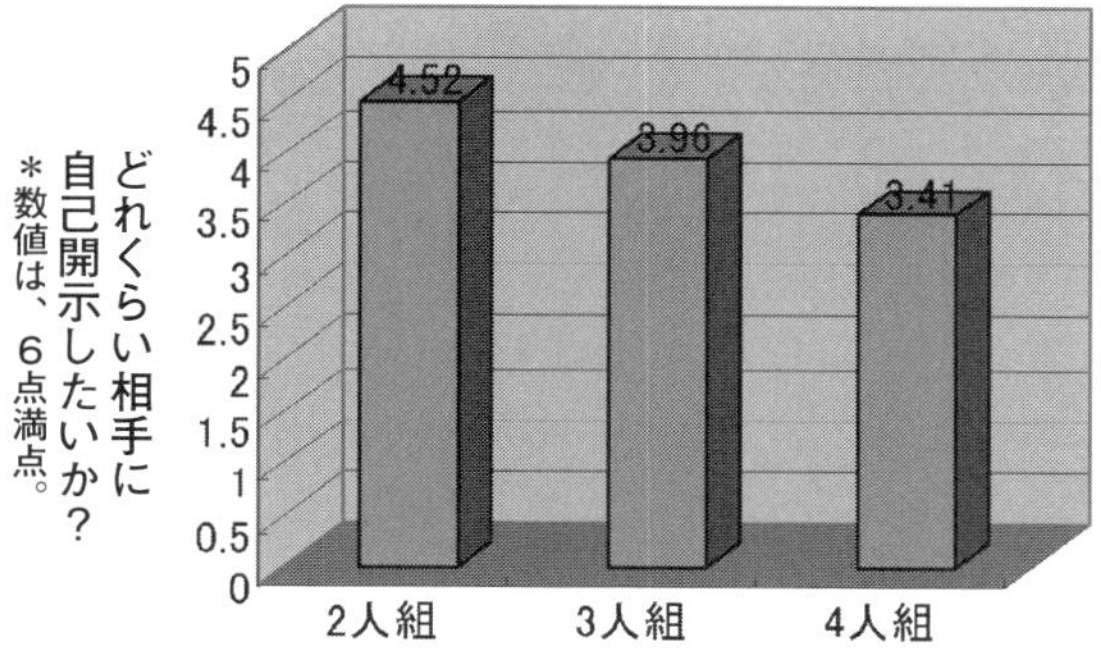

図：2人きりのほうが、深いレベルでの会話が可能
（出典：Solano, C. H. & Dunnam, M.）

と、自分のプライベートな情報を開示しようとはしないからだ。大勢の人に見つめられるような状況では、恥《は》ずかしさもあるので、深い話はできないものである。

人たらしの達人は、なるべく「2人きり」を作ろうとする。なぜなら、**2人きりで会話をするようにしたほうが、自分にとっての会話のトレーニングができるばかりか、相手のプライベートなことも聞き出すことができ、それによってもっと親しくなれると考えるからである。**

これを裏づける心理学のデータもある。ウェイク・フォレスト大学の心理学者セシリア・ソラノ博士は、「どのように人は知り合いになっていくか？」という名目で大勢の参加者を募《つの》り、そういう人たちを、2人組、3人組、4人組の集まりにして、いろいろと会話をさせてみた。

すると、2人組で会話をするときに、「パートナーに、自分の深い内面を明らかにしたい」という気持ちが強まることが確認されたのである。2人きりなら、安心して、どんなことでも話せるという人が多い、ということだ。

自分の話力に自信がない人は、ついつい大勢のグループの中にいることを望んでしまうだろうが、それでは深い話ができなくなる。グループでの会話は、どうしても最新のドラマの話題や、芸能人のゴシップなどの表面的な話題になりがちで、親密な関係になりにくいのだ。

もしあなたが部下と上手に付き合える上司になることを望むのなら、**大勢の部下をいっぺんに飲みに連れ出すのではなく、1人ずつと飲むようにしたほうが、部下がどんなことを考えているかがよく見えてくる。**しかも、あなた自身、そうしたほうが部下としゃべるいい訓練になる。会話はあくまでも2人でしたほうが、いろいろのメリットがあるわけだ。

第6章

人と「議論」するときに気をつけたいポイント

BLACK PSYCHOLOGY OF MAGNETIC MEN

相手には、絶対に口答えしない

人たらしの極意《ごくい》は、相手と無用なケンカをしないことだ。ケンカというのは、勝っても負けても、後味が悪い。「金持ち、ケンカせず」という言葉があるが、同じように「人たらし、ケンカせず」なのだ。

相手を言い負かしたところで、得るものは何もない。だからこそ、相手と議論になりそうになったら、ヘタに口答えしないのがポイントである。

最近のビジネス・シーンでは、誤《あやま》った欧米化の影響によるのか、「何を言っても許されるんだ」という困った風潮が広がっている。たしかに自分の意見をはっきり述べるのは大切なことであるから、筆者も否定しない。だが、上司や部下を議論でやっつけてみても、そこからは何も生まれないのである。むしろ徹底的に嫌われるだけなので、無用な議論はしないほうがいいのだ。

上司やクライアントから何かの意見を言われたときには、絶対に口答えしてはいけない。たとえば、「どこそこを手直ししろ」と命じられたら、心から喜んでそうさせてもらうという態度を示すのが正解だ。

「わかりました。来週の水曜までには、必ず手直しいたします」と謙虚《けんきょ》な姿勢を見せるからこそ、相手も満足するのだ。どれくらい手直しするかはさておき、ともかく謙虚さを見せたほうがいい。

自分に何か問題があったときには、さっさと謝《あやま》るのが「人たらし」の技術である。

「ごめんなさい」の一言は、どんな相手にも有効に作用する。怒っている人間も、「ごめんなさい」の一言で冷静にさせることができる。

アリストテレスの『弁論術』の中では、余計な議論を吹っかけず、さっさと謝ってしまうことが有効な戦術であると述べている。アリストテレスは言う。

口答えしたり、罪を否定したりする者に対しては、われわれは一そう厳しい懲罰《ちょうばつ》を加えるが、罰せられて当然であると認めている者に対しては、怒りをおさめる。

反論するときは、「どうにもならない理由」を持ち出さない

どんなときでも、口答えをしないのが理想であるが、そうはいっても、ビジネス場面では、往々にして「反論」する必要が出てくる。反論すべきところで反論しないと、「頭が悪いヤツ」だと思われる可能性もあるので、上手な反論の仕方を覚えることはとても重要である。

反論にあたって必要なのは、「どうにもならない理由を持ち出すな」ということである。反論は、あくまでも建設的な前向きなものであるべきで、単なる〝悪者探し〟にしかならないような後ろ向きの反論は絶対にしてはいけないのだ。これは自分が何かを主張するときにも当てはまる。

たとえば、「どうしてわが社の業績が悪いのか？」という議題での会議が行われた

としよう。こんなとき、「日本の政治が悪いんですよ」などという意見を持ち出してはいけないのだ。

なぜなら、あなたの指摘するように、政治が悪いのがたとえ正しくとも、だからといって、私たちがどうこうできる問題ではないのだから、どうしようもないのだ。

昔の出来事を取り出して、「だから、わが社はダメなんだ」と述べるのもよくない。過ぎ去った出来事は、タイムマシンでもない限り、もうどうしようもないのである。そんな理由をいくつも挙《あ》げたところで、事態は一向に改善しない。だからこそ、どうにもならない理由の主張や、反論をしてはいけないのである。**どうにもならない反論は、相手をうんざりさせるだけなのだ。**

相手に反論するときには、**将来的にどうすればよいのか、という提案のほうがいい。**昔のことをいちいちあげつらうのではなく、「こうすれば、良くなると思う」という前向きな提案をするのである。

同僚から、「どうすれば、俺の怒りっぽい性格が直せると思う?」という相談を受けたとしよう。そんなとき、「子ども時代のトラウマが……」などと悪者探しをしても、同僚に気に入られることはない。なぜなら、子ども時代に原因があることがたしかでも、今からでは、どうしようもないので、同僚も困ってしまうからである。

こんなときは、「それなら、なんとかなりそうだぞ」という希望を感じさせるような提案、たとえば、残業を少し減らしてみてはどうだろうと持ちかけたり、一緒に3日間の禅《ぜん》の修行に参加してみようとか、そういう前向きな提案ができるようになりたい。そちらのほうが、相手に気に入ってもらえる。

私たちは、未来に対して希望を持ちたいという欲求がある。明るい未来を想像できるからこそ、何かの行動をとろうという気持ちになるのであって、どうあがいても未来は変わらないとは思いたくないのである。

前向きな提案によって、反論をするのなら、相手も受け入れてくれるだろう。

「なるほど、それはいいアイデアだ！」と感心させるような提案が含《ふく》まれているのなら、たとえどれほど厳しく反論しても、相手は希望を持つことができる。明るい希望を感じさせる反論なら、いくらでもやっていい。

人に反論するときのコツは、悪者探しのような原因追究は軽くにとどめておいて、前向きな提案をたくさん出すようにすることである。

「なぜ？」と質問するのをやめる

決して反論しているわけではないのに、反論のように聞こえてしまう表現がある。相手を非難しているつもりはなくとも、なんとなく非難しているように聞こえる表現がある。その代表格が、「なぜ？」という質問だ。この質問は、言い方にもよるだろうが、切り出すのが大変に難《むずか》しい。だから、筆者は、「なぜ？」と相手に切り出さないように読者のみなさんにアドバイスしたいと思う。

「なぜ？」という質問をすると、そこには必ず「評価」がつきまとう。しかも、悪い意味の評価がついてまわるのだ。だからこそ、「なぜ？」という質問をされた相手は、居心地が悪くなるのである。

「なぜ？」という表現は、言葉を補《おぎな》って訳すと、「私はそのように思わないのだが、なぜ、キミはそう思うの？」という意味になる。そのため、相手は反対されたような気持ちになってしまうのである。**「なぜ？」という質問自体に、すでに相手の意見を認めていない、というニュアンスが出てきてしまうのだ。**

たとえば、次のような表現を見てほしい。怒りたいとか、反論したいという気持ちがないのかもしれないが、「なぜ？」と質問されるほうは、確実に気分が害されるに違いない。「なぜ？」と質問するのは、相手をやりこめてやろうというニュアンス、あるいは反対意見を述べたいというニュアンスが色濃くにじんでしまうのだ。

「なぜ、この企画をやりたいって思ったの？」（こんな企画やめておけよ）
「なぜ、歓迎会に出ないの？」（決まりなんだから黙って参加しておけよ）
「なぜ、今週中じゃいけないんだ？」（急いで仕事して終わらせろ）

たとえ相手を非難するつもりはなくとも、「なぜ？」と聞かれたほうは、確実に、その言葉のウラを読もうとし、「自分は反対されている」と考えてしまう。だからこそ、「なぜ？」などと質問しないほうがいいのである。たとえその質問が正当であっても、ヘンな勘《かん》ぐりをされてしまうのは、よくない。

「なぜ？」という質問は、どうも言葉の響きからして、強すぎるようだ。だから、相手に質問するときには、なるべく柔らかい表現を使うように心がけたほうがいい。

「俺のボールペン、どこいっちゃったんだろ？」とつぶやくなら、「あ、ごめん、使わせてもらっちゃった」という気軽な返事がかえってくる。それを、「なぜ、俺のボールペンがないいんだ？」と言うと、途端にキツい表現になる。

たしかに、説得・交渉技術のひとつとして、「なぜ？　なぜ？　なぜ？」と矢継《やつ》ぎ早《ばや》に質問していく方法がある（バズ・テクニックなどと呼ばれる）。

相手を混乱させたり、相手の論理性を打ち崩《くず》すときに利用される方法である。しかし、普段の人間関係では、このようなやり方をして、相手を困らせてはならない。

「なぜ？」を聞きたいときには、もっと柔らかい聞き方をするか、「決して反対しているわけではないいんだけどね……」とか「悪くとらないでほしいんだけどね」などと前置きをしてから、「なぜ？」と聞くようにしたい。

前置きしておけば、相手も自分が怒られているわけではなく、単純に説明を求められているだけだと思ってくれるかもしれないからだ。

「ブーメラン法」は相手をムッとさせる

営業やセールスの本などを読んでいると、「ブーメラン法」という話法が紹介されていることがある。お客が何か言ってきたら、その主張や反論を逆手にとって、それを買うべき理由にしてしまえ、というのである。

たとえば、お客が「高い」と言ってきたとしよう。こんなとき、ブーメラン法を使うと、「たしかに高いですね。しかし、それは品質の良さの証明なんですよ」という具合に切り返すことができる。こうやって切り返せば、お客は自分の発言の根拠が失われるので、言うことを聞いてくれるというのだ。

しかし、物事はそんなに単純なものではない。ブーメラン法を使うと、かえってお客はムッとして、買ってくれなくなるというデータがあるのだ。

イースト・キャロライナ大学のレイド・クラクストン博士たちは、流通業、製造業などで働く242名のバイヤーを対象にして、彼らが使っている説得テクニックと、その効果について調べてみた。

すると、お客の反論をもって、それを買うべき根拠にしてしまうブーメラン法を使うと、かえって実際のセールスが落ち込むことがわかったのである。

お客が「イヤ」と言えば、そのまま受け入れるのがいいのであって、「だからこそ、私はオススメしたいんです」などとブーメラン法で切り返すと、かえって買ってくれなくなるのだ。

「お客に拒絶されてから、はじめてセールスは始まるのだ！」などと格好のいいセリフを聞いたことがあるかもしれない。しかし、**お客に拒絶されたら、普通に引き下がったほうがいいのである。**

たしかに、かつては、ブーメラン法も有効な話法だったかもしれない。しかし、最近のお客は、セールスにうんざりしているのが実情なのであり、ブーメラン法で切り返されると、かえって「しつこい」とか「くどい」と感じてしまうのである。この点に注意しなければならない。

先日、筆者は、ある証券会社のセールスマンから、「株の資産運用をやってみませんか?」というセールスの電話を受けた。「お金がないから……」とそっけなく断ったところ、「いや、お金がないから〝こそ〟、なんですよ」とブーメラン法で切り返された。筆者がうんざりして受話器を置いてしまったことは言うまでもない。

普段の会話でも、ブーメラン法を使って反論をしようとする人がいるが、かなり危険なことをしていることを認識しておこう。ブーメラン法は、相手をムッとさせる場合があるのである。怒りっぽい相手なら、なおさらだ。

世の中には、どんな種類の反論であれ、反論されること自体にムッとする人がいるのである。そういう人には、ブーメラン法を使って切り返そうとするより、そのまま身を引いてしまい、しばらく時間が経ったところで、またどうにかしようと考えたほうがよさそうである。

あいまいな言葉で、相手を誘導する

ビジネスでの交渉場面では、「いい線だね」というセリフが、いろいろと応用できる。相手が何らかの条件を出してきたら、いいとか悪いとは言わずに、ただ「いい線だね」と答えればいいのだ。

こう言われたほうは、まったく見込みがないとは思わず、「いい線とは、どういう意味なのだろうか？」と思いをめぐらすだろう。これは、交渉を有利に進めるのに便利な言葉だ。なぜなら、「いい線だ」と言われた相手は、もっと譲歩《じょうほ》してくる可能性が高いからである。

部下が書き上げた報告書を読むときにも、**「いい線だね」**のセリフは使える。別に、**あなたがどこをどう手直ししろと命じたわけではないのに、勝手にあれこれと考えて、**

手直ししてきてくれるからだ。「書き直せ！」と命じると、部下のほうもイヤな気分になるものだが、「いい線だね」と言っておけば、自分から直してくれる。これはありがたい。

考えてみると、「いい線だね」というのは、かなり肯定に近い表現だが、そこには若干《じゃっかん》の否定も含まれている。相手を受け入れつつ、軽く突き放す表現である。表面的には受け入れているので、相手も完全に拒絶されたとは思わない。したがって、この便利な言葉を使うと、表立った反対はせずに、相手に変化を求めることができるのだ。

このテクニックは、『営業の達人』（ダイヤモンド社）の著者G・カラスによって紹介されているもので、カラスはこれを「とどめの一撃戦術」と呼んでいる。最後の最後になって、「うん、いい線だね」というセリフを出せば、相手は限界まで譲歩したり、努力してくれるというのだ。

人間は、ゴール間際になると、信じられない力を出す。ゴールが見えると、全力で飛び込もうとするのである。「いい線だね」というセリフは、「もう少しでゴールですよ」というニュアンスを相手に伝え、最後のがんばりをさせることが可能なのだ。

指示、命令、要求というのは、どんなに丁寧《ていねい》な言い方をしてみても、やはり相手に不愉快な思いをさせてしまう。それなら、相手に自分から動いてもらうように仕向けるしかない。それには、「いい線だよ」のセリフが有効だというわけである。相手は、「もう少しだけやってみよう」という気持ちになるはずだ。

インドのアラハバッド大学で心理学を教えるJ・パンデイ博士たちによると、「あしろ、こうしろ」と指示を出す監督者より、むしろ指示を出さないで、各自のやりたいようにやらせる監督者のほうが、作業者に好かれることを発見した。私たちは、指示を出されて動かされるのが、大嫌いなわけである。

「いい線だね」と言う戦術は、指示、命令、強い要求をしているわけではなく、相手に自然に変わってもらえる戦術だ。

「ああしろ、こうしろ」と言っているわけではないので、そのままでもかまわないよ、というニュアンスを少しだけ残している。しかし、そのままでいられる人はほとんどおらず、「もう少し変えてほしい、っていう意味だな」と勝手に推測して、自分なりに動いてくれるのである。

「いい線だね」の戦術を使って、相手を上手に動かしてみよう。

面白いようにうまくいくはずだ。

「たとえば……」「たとえばの話……」で、相手のホンネを暴く

相手が何を考えているかわからないとき、あるいは、**普通に質問してもうまくはぐらかされてしまいそうなときには、〝仮の話〟ということで質問してみると、相手のホンネがわかることが少なくない。**

ある土地を買おうとしているお客がいるとして、不動産屋に出かけたとしよう。しかし、普通に土地の値段を聞いてみても、老練な相手が素直に教えてくれるとは限らない。そこで、いろいろと〝仮の話〟を持ち出すことで、口を割らせるようにするのだ。

「あの土地は100坪で買うと、いくら?」

「坪あたり25万です」

「それじゃ５００坪にすると、いくらになる？」

「1坪22万円でけっこうですよ」

「今、手持ちの敷地は全部でどれくらい？」

「2000坪はございます」

「たとえばの話なんだけど、現金ですべてそれを購入するとなると、いくらにする？」

「もし全部購入していただけるなら、1坪18万でけっこうです」

このように会話をすすめると、その土地は1坪18万で販売しても、なお不動産屋に利益が出ることがわかるだろう。これがわかれば1坪18万から交渉を始めても問題はないということだ。

「たとえばの話」ということなら、相手もすんなりと答えてしまう。〝仮の話〟ということで、ホッとしてしまい、うっかりとホンネをもらしてしまうのだ。そうすれば、あなたはそれを逆手にとって、「あなたは、さっきそう言ったじゃないか！」と詰め寄ることができる。〝仮の話〟というのは、あなたにとって非常に都合のいい質問なのだ。


「たとえばですよ、1年契約にすると、どれだけ下げられますか？」

「たとえば、貴社の生産量をすべて引き受けるとしたら、どうでしょうか？」

「資材をこちらから提供すると、どれくらいの見積もりになりますか？」

「保証はいらないとすると、いくらになりますか？」

「たとえばの話ですけど、現金一括にすれば、いくらにしてくれますか？」


一筋縄《ひとすじなわ》でいかないような人物を相手にするときには、このように〝仮の話〟ということで、迫ってみてはどうだろうか。普通に攻めても勝てそうもないときには、搦《から》め手から攻めよう。いろいろと〝仮の話〟をしていると、ついうっかり口を滑《すべ》らせることがあるだろう。そうなれば、あなたは相手の話を理由にして、どんどん詰め寄ることができるからだ。

大きな要求でも、一度は頼んでみる

みなさんは、買い手が求めもしないのに自分から値下げしたことはないだろうか。「どうせ、ムリだろうな」と思って、はじめから諦《あきら》めてしまったことはないだろうか。

自分の頭の中であれこれと考えるのはやめよう。とにかく、普通に頼んでみると、意外とあっさり、「いいよ」と言ってもらえることが少なくないのだから。

会社が忙しい時期であるのはわかっているが、上司に有給休暇をとりたいと頼みたいと思っている人がいるとしよう。こんなときも、**「大きな頼みだから、ムリだろうな……」などと考えず、一度は、気軽な気持ちで頼んでみることをオススメする。**はじめから諦める必要などは、どこにもないのだ。意外にあっさりＯＫがもらえて、肩透かしをくらったように感じることもあるだろう。

ハーバード経営大学院で、数百人に及ぶ被実験者に模擬《もぎ》交渉をさせるという実験で得られた結論は、**「大きく頼めば、大きく得る」**というものであった。

「こんなに吹っかけても大丈夫なのだろうか？」と思われるくらいに吹っかけても、けっこう大丈夫なのである。

この実験では、ある商品を売るとき、高い価格を吹っかけるグループのほうが、最終的には3倍近い高値で売れることがわかったのだった。大きな頼みごとだと思っても、まずは普通に頼んでみよう。

松坂慶子《まつざかけいこ》さんが30代後半で結婚したとき、ある記者から、どうして結婚を決めたのかという質問をされた。それに対して、松坂さんは、「あら、だって今まで誰にも結婚を申し込まれなかったんですもの」と気軽に答えている。

「あんなにキレイな人は、プロポーズしてもムリだ」と大半の男性は最初から諦めてしまっていたわけだが、頼んでみると意外にすんなりOKしてもらえることは、世の中にたくさんあるのである。

私たちは、自分の頭の中だけで、勝手なイメージをあれこれと作り出して、その幻影におびえてしまうところがある。しかし、それはあくまで幻影にすぎないわけだから、まずは頼んでみるべきなのだ。たとえ拒絶されたとしても、相手の対応を見ながら、次にどうすればよいのかを考えればよいだけである。

その要求が不当に大きいかどうかを判断するのは、あなたではない。あくまで相手なのだ。自分で勝手に判断して、行動を諦めてしまうのはもったいないことである。

私たちは、いいことを想像するよりも、悪いことを想像するほうが得意である。これを心理学では、「ネガティビズム傾向」と呼んでおり、誰にでもそういうところがあるらしいのだが、だからといって最初から諦めるクセだけはつけないようにしたい。

議論に持ち込まれそうになったら、〝壊れたレコード〟になる

説得技術のひとつとして、〝壊《こわ》れたレコード〟と呼ばれる方法がある。これは、以前話したことをとにかくひたすらくり返すだけの戦術なのだが、状況によってはかなり効果的な方法だ。

「すみません、何度も申し上げているように、返品はできないんです」
「返品はできないんです、すみません」
「とにかく、返品はできないんです」

このように同じセリフをうんざりするほどくり返すのが、〝壊れたレコード戦術〟

である。誰にでもすぐ使える簡単な方法である。相手から、理由を求められても、理由は答えない。とにかく、決められたセリフを何度もくり返すだけの作戦だ。

あなたが壊れたレコードになれば、相手はうんざりして折れてしまう。相手から何を言われようと、自分に言い聞かせるように、ゆっくりと同じセリフをくり返すのがコツだ。

同じメッセージでも、くり返せばくり返すほど、説得効果が高まっていく。理屈の通らないことでも、聞かされているほうは、「そういうものなのか」と納得してくれるようになるのだ。

この方法は、母親が小さい子どものしつけに使う。ヘンに理屈でやりこめようとするより、同じセリフを何度もくり返したほうが、子どもも納得してくれることを知っているのであろう。たとえば、たいていの母親は、次のような具合で、子どもにしつけを行う。

「寝る前に、おもちゃはきちんと片づけないとダメよ」

「どうして？」

「片づけなきゃダメなの」
「このまま出しておいたら、明日もすぐ遊べるのに」
「きちんと片づけましょうね」
「……はぁい、わかりました」

部下にやりたくない雑用を押しつけるときにも、〝壊れたレコード〟作戦は効を奏する。部下のほうは、大人であるだけに子どものように単純にはいかないだろうが、かといって議論をするよりも、同じセリフのくり返しによって納得させることができるのだ。「頼むよ」「とにかく頼むよ」「もう頼むしかないんだ」とくり返せば、部下も折れるはずだ。

カナダの心理学者シェバット博士たちのグループは、不完全な情報の広告メッセージをたくさんの人たちに読ませてみて、情報が欠けていても、読む人はそれを勝手に推測してくれるので、かえって説得効果が高くなる場合があることを実証している。

理屈などなくとも、人を説得することはできるというわけだ。

議論をしなければならないとすると、理屈の応酬《おうしゅう》をしなければならず、非常に面倒くさいし、すでに述べたように、感情にしこりを残すことになりかねない。

その点、〝壊れたレコード〟は、議論を巧妙《こうみょう》に避けることができるわけで、感情にしこりを残さない。「もう仕方ないな」と相手が思ってくれるまで、根気よく同じセリフをくり返せばいい。

ただ同じセリフをくり返すといっても、たいていの場合には、4回から5回で成功する。10回も100回もやることはないので、安心してほしい。

「先生、原稿早くあげてください。もう締め切りですよ」

「わかってます、が、もうちょっと延ばせませんか？」

「どうしたんですか？」

「すみません、とにかくもうちょっと延ばしてください」

「とにかく理由をおっしゃってください。何かあったんですか？」

「すみません、締め切り、延ばしてください、お願いします」

「まいったな……」

ちなみに筆者は、こんな風に〝壊れたレコード戦術〟を使ったりはしていないので、念のため。

第7章

ワンランク上の「人たらし」を目指すために

BLACK PSYCHOLOGY OF MAGNETIC MEN

自分を「ネタ」にして、笑いをとる

私たちは、笑える話を聞かせてくれる相手を好む。こちらが大笑いできる冗談《じょうだん》を言ってくれる人は、例外なく、魅力的だ。日本人が笑わないのは、国際的にも有名であり、外国人によくからかわれたりしているが、本当は、大変に笑いが大好きな国民なのである。

会社では、仕事にさしつかえない程度に、周囲の人たちを笑わせるように努力しよう。仕事中だから冗談を言ってはいけない、などと考えずに、とにかく面白いことが頭に浮かんだら、すぐにそれを言ってみるのだ。そうすると、会社の雰囲気が楽しくなってくる。

米国パーデュ大学のW・H・デッカー博士たちの観察によると、華《はな》やかで、自由な職場では、楽しいユーモアや冗談がよく観察できるという。笑いのある職場ほど、従業員のやる気も高いというデータがある。だからこそ、笑いを忘れてはいけないのだ。

人に会うときには、「実は、面白い話があるんですよ」と自分から進んで切り出せるようにしよう。

では、どういう笑いをとればいいかというと、それは**「自分をネタ」にしたものが一番よい。**これを「セルフ・デプリケーティング・ユーモア」（直訳すると、「自分をバカにするユーモア」）と呼び、**相手に最も喜ばれるユーモアであることがわかっている。**どんどん自分をネタにして、笑いをとっていこう。そうすれば、あなたは今まで以上に好かれる人になれるはずだ。

「今朝ね、歯を磨《みが》いていたら、すごい違和感を感じて、なんだろうと思ってよく見たら、歯磨き粉じゃなくて、妻の洗顔クリームなんですよ」

「花粉がひどくてね、ハァハァと口で息をして電車に乗ってたら、目の前にいた男子学生に、『このおっさん、ひょっとしたらホモなのかな？』という目で見られちゃいましたよ」

「ずっとズボンのチャックが開いてたんだよ」

「間違えて子どものハンカチを持ってきちゃったよ。アンパンマンの……」

これらが「セルフ・デプリケーティング・ユーモア」である。テレビに出てくるお笑い芸人の多くは、自分がドジなところを面白おかしく語ってきかせてくれるが、それを真似《まね》るわけである。自分のバカさ加減を披露《ひろう》しながら、「お前アホだなぁ」と相手に笑ってもらえれば最高だ。

他人のことをバカにしようとすると、そのさじ加減がとても難《むずか》しく、ともすれば相手を怒らせてしまう危険性もある。その点、自分自身をネタにするのなら、誰にも問題はない。どんどん自分をネタにしていこう。

自分のドジなところを披露すると、それだけ人として近寄りやすい雰囲気を出すことができる。つまり、この種のユーモアには、気さくなイメージを出す働きがあるのである。エリート臭い人や、気取った人、あるいは人を遠ざけてしまうようなタイプは、自分のバカさを大っぴらにするようにすれば、どんどん好かれるようになる。

人は、少しくらいドジなところがあったほうが、「人間らしさ」を感じさせて好かれるのである。米国の心理学者アロンソンは、コーヒーをうっかりこぼしてしまうようなどのドジなところを見せると、かえって好印象を高めることができた、という実験報告を行っている。自分をネタにすることは、好かれるコツなのだ。

人に「からかって」もらえるキャラになる

愛嬌《あいきょう》のある人は、えてして、人から悪意のないからかい、冷やかしなどを受けるものである。心を許してもらっている証拠だ。みなさんは相手に冗談を言ってもらえるタイプだろうか。もし、そうだとしたら安心してよい。軽口をきいてもらえるかどうかというのは、人間関係がうまいかヘタかを分けるポイントなのだ。

私たちは、なんとなく心理的に距離がある人とは、事務的な付き合い方をしようとするのが普通であり、からかい合うことはない。「こんな冗談を言うと、本気で怒りそうだな」と思えば、からかいを躊躇《ちゅうちょ》するものである。からかい合えるかどうかで、心理的な距離の近さがわかるのだ。

親しい友人との関係を考えてみればよい。お互いにひどいことを言い合っているのではなかろうか。それでも許されるのは、お互いに心理的なつながりを感じているからだ。このように、お互いにからかい合える関係になることを目標にしよう。

「お前は、仕事が遅いなぁ」

「お前は、女に手を出すのは早いんだけどな」

「お前は、企画書を書くセンスがないなぁ」

「お前の、私服のセンスに比べたら、マシだけどな」

こんなことも、心を許し合えた相手なら言える。お互いにアホ呼ばわりできるのは、それだけ心が通じ合っているわけだから、どんどんやってよい。悪意のないからかい、冷やかし、こういう茶目っ気のあるふざけ方を英語で「バンタリング」(bantering)と呼ぶ。人間関係は、バンタリングを通して、どんどん深まっていくのだ。

表面的な付き合いでは、相手との距離が縮まらない。挨拶《あいさつ》でも、世間話でも、しないよりはしたほうがいいのだが、理想をいえば、相手とバンタリングできるようになることである。相手が上司や年配者であっても、バンタリングはできる。上司がからかってきたら、自分も上司をからかえばいいのである。**みんなに愛される人というのは、「からかわれる」存在である。**からかわれても本気で怒ることなく、むしろ楽しい冗談を返してくることを、周囲の人たちがわかっている存在である。

あなたが上司だとして、部下にからかってもらえないのだとしたら、それはあなたの威厳やパワーに部下がひれ伏しているからではなく、単純に好かれていないのだ。

愛嬌のある人は、例外なく、からかってもらえる。飲み屋の女の子でも、男性客にウケがいいのは、すまして気取っているようなタイプではなく、からかわれるような女の子のほうである。

では、どうすれば相手にからかわれる存在になれるかというと、①からかわれても感情的にならない（絶対に怒らない）、②神経質にならない、③からかわれたら、相手のこともからかう、④どこか〝ドジ〟なところがあることをアピールしておく、などの戦術が有効だろう。

「3分ルール」で相手を楽しませる

ここでは、「人たらし」になるための会話ルールについてご説明しよう。

会話には、いろいろなルールがあるものだが、そのひとつに、「3分に1回は、必ず相手を笑わせろ」というルールがある。これを筆者は、「3分ルール」と勝手に名づけている。**初対面の相手と1時間の話をするなら、3分に1回、すなわち20回くらいは相手を笑わせるのが目安だ。**

「そんなに、たくさん笑わせる必要があるの？」

と思われた読者の方もいらっしゃるかもしれない。だが、それくらい笑わせないと、「本当に楽しい人」という評判は立たないものなのだ。筆者自身は、3分に1回でも少ないかもしれないと思っている。

あえてケンカを吹っかけてみる

職場の人間関係というのは、ともすると事務的で、機械的で、理性的なものになりがちだ。しかし、そういう理性的なコミュニケーションばかりをやっていても、人間的な絆《きずな》は深まらない。**人としての絆を深めたいのなら、〝感情のコミュニケーション〟をする必要がある。**頭だけの理性的コミュニケーションだけでなく、一緒に泣いたり、笑ったり、怒ったりという感情的コミュニケーションがないと、空虚《くうきょ》な人間関係が生まれてしまうのである。

感情的なコミュニケーションをするためには、「あえてケンカを吹っかけてみる」のも、決して悪い作戦ではない。頭に血をのぼらせることによって、感情的なものを引き出させるからだ。ケンカほど感情的なコミュニケーションはないから、それを上手にやることで、相手との関係をより親密にすることができるわけである。

夫婦では、「ケンカをするほど仲がいい」などと言われることもあるが、これは本当である。ケンカをする夫婦というのは、いわば感情的なコミュニケーションを頻繁《ひんぱん》にやっているわけであり、お互いに口もきかないとか、機械的なコミュニケーションばかりをする「仮面夫婦」よりも、仲がいいのは当然なのだ。

もちろん、**ケンカをするときには、あらかじめプロット（筋書き）を立てておかなければならない。**ケンカについて、頭の中であれこれとシミュレーションしておかないと、相手だけでなく、自分のほうまで感情的になりすぎてしまうからだ。これでは、人間関係は破滅的なものになってしまう。

シミュレーションといっても、難しいことはない。頭の中で、いろいろな状況を空想するだけで十分である。たとえば、次のような感じである。

「この企画、絶対にイケると思うんです！　すぐにスタートしてもいいですか？」

部下がこんなことを言ってきたら、「それは時期が悪い」と反論してみよう。

するとあいつの性格からして、「この企画は絶対に自信がある」と再反論してくるだろうから、「もう少し待て！」とやや声を荒げて反対してみようか。それでも何か言い募《つの》ってくるようなら、そこで折れればいいか……。

このように頭の中でシミュレーションをくり返していると、いざケンカになったときにも、その筋書き通りにケンカをスタートさせ、終了させることもできるようになるのである。あなたはすでに頭の中で同じ状況を体験しているわけだから、感情的になりすぎることもないわけだ。

アメリカの精神科医フィリップス博士は、**人間関係におけるどんな恐怖も、頭の中であれこれとシミュレーションしておけば解消できる、**と述べている。フィリップス博士の実験では、8週間から13週間をかけて、各自がそれぞれに持っている恐怖を、頭の中でシミュレーションさせてみた。たとえば、人と話すのが怖い人には、どんどん会話をしている場面を想像させ、衝突を恐れている人には、あえて他人とケンカしている自分をイメージさせてみたのである。すると、たいていの悩みは2ヵ月後に消えてなくなってしまったのだ。

「絶対にケンカしないようにしないと」「絶対に口答えしないようにしないと」と考えていると、感情的なコミュニケーションはできなくなるし、いざケンカになると、まったく何の準備もしていないために、冷静な対処ができなくなるかもしれない。

したがって、いつでもケンカして大丈夫になるように、ヒマなときには、友人や同僚、あるいは上司や部下とどのようにケンカして、どのように収拾させるのか、まで頭の中であれこれとシミュレーションしておくのがいいのである。

備えあれば憂《うれ》いなし、なのだ。

けなすときは、相手をよく見て

本書では、一貫して、楽しく、明るくふるまうことをアドバイスしてきた。相手をたくさんホメなさい、ともアドバイスしてきた。たいていの人は、ホメ言葉に弱い。どんな人でも、自分を認めてもらいたいという欲求を持っているものであり、「やっぱり、キミは最高」と言われれば、それなりに嬉《うれ》しいのである。

ところが、世の中には、ホメられるのが苦手《にがて》なタイプがいる。ホメられると、「こいつは、俺のことを何にもわかっちゃいないんだな」と、かえって不機嫌《ふきげん》になるタイプがいるのである。「お前は、そういうところがダメなんだよ」と皮肉を言われたり、「もっと○○しろよ」と軽く叱《しか》られたほうが、嬉しいと思う変わった人もいるのだ。

では、どういうタイプは、けなしてあげたほうがいいのか。それは、**自己像がネガ**

ティブな人である。自己嫌悪感の強い人、しょっちゅう、「俺ってダメ人間でさ」と悪い自己評価をしている人が、そういうタイプだ。

テキサス大学の心理学者ウィリアム・B・スワン博士たちのグループは、自己像がポジティブな人と、ネガティブな人を対象にして、相手からホメられた場合と、けなされた場合とで、どれくらい相手を好意的に評価するかを調べてみたことがある。

普通に予想するなら、ホメられた場合のほうが、ずっと相手を好きになるはずだ。しかし、スワン博士たちは、自己評価が低い人、すなわち自分を嫌っているタイプでは、この関係が逆転するのではないか、と考えた。自分を嫌っている人ほど、皮肉っぽい発言をしてあげたほうが、「俺がダメ人間であることを、この人は理解してくれているんだ」と思うので好意が高まるだろう、と考えたわけである。

結果は、まさにスワン博士の予想通りであった。つまり、自己像がポジティブな人は、相手にホメられたときに72％が相手を好ましいと評価し、自己像がネガティブな人は、否定的な発言を受けたときに、78％が相手を好ましいと評価したのだった。

賢明《けんめい》な読者のみなさんには、もうおわかりだろう。たいていの場合には、相手をホメておけば間違いないのであるが、誰かれかまわずホメていればいいかといえば、そんなことはないのである。とりわけ、**自己評価が低い相手のときには、「お前アホだなぁ」と軽く否定的な発言をしてあげたほうが、かえって喜んでもらえるのである。**

　筆者も、自己評価が低い先輩や後輩には、「だから、浮気のひとつもできないんだよ」と軽くけなすことがあるし、自己評価が低い女性には、「そんなんじゃ、男にモテないぞ」と憎まれ口をたたく。すると意外なことに、喜んでもらえることが少なくない。

　ただし、この原理は、あくまでも上級テクニックであり、相手をホメてあげることが絶対の基本法則であることは論を俟《ま》たない。否定的なことを言って喜んでくれるのは、自己評価が低い相手〝だけ〟なのであり、プライドが高い人や、「自分大好き人間」をはじめとして、たいていの人では、このテクニックを使うと逆効果になるので注意が必要だ。また、自己評価の低い人だからといっても、あまり痛烈な皮肉や悪口はよくないので、その点のさじ加減も難しいので注意してほしい。

"弱さ"をアピールしてみるのも、ひとつのテ

人たらしとは、弱者の戦術である。弱者と強者が普通に勝負したら、強者が勝つに決まっている。だが、弱者が何もできないかというと、そうとも限らない。なぜなら、弱者には、弱者なりにとりえる戦術がいくらでもあるからだ。

たとえば、「弱さ」をアピールすることも、弱者ならではの効果的な戦術だ。弱点をさらけ出し、同情を誘《さそ》う。「こんなに弱い人間を、あなたはイジメるのか？」というサインを送れば、強者もあまり強要できなくなるものである。ガンジー流の無抵抗主義は、意外に効果的なこともある。

一般論としていえば、女性は、男性に比べてまだまだ弱い立場にある。だからといって、女性が男性に振り回されてばかりなのかというと、決してそんなことはないの

であって、むしろ〝弱さ〟を逆手にとって、男性を操《あやつ》っている女性もたくさんいる。ボードリヤールは、〝弱さ〟を見せることで、女性が上手に男性を操る戦術を「誘《ゆう》惑《わく》」と呼んでいる。もちろん、男性がこの戦術を使っても問題はない。人をたらしこむのには、弱さも利用できるのだ。

自分の〝弱み〟は、隠すべきではない。むしろ、それを武器とすることを考えるとよい。**弱みをさらけ出すと、相手はあなたに親近感を覚えるばかりか、「守ってあげたい対象」と見なすようになるからだ。**

「僕は田舎者で、訛《なま》りが抜けないので恥ずかしいんです」

「僕は、いつまでも仕事が覚えられず、先輩に迷惑ばかりかけてますね……」

「僕は、どうしてこんなに内気なんでしょう……」

「僕は、完全に素人《しろうと》だから、課長のおっしゃる通りにしようと思います」

このように、自分の〝弱さ〟を積極的にアピールしてみるのはどうだろうか。これらの戦術をとれば、相手に「カワイイやつめ」と思ってもらえることは間違いない。無意味に強がろうとするよりは、自分の弱さをあけっぴろげにして見せたほうが、かえって相手も安心することは、往々にしてあるのである。

強がっている人間は、あまりかわいくない。少しくらいおどおどしていて、扱いやすい人間であるかのようにふるまうことは、賢《かしこ》い戦略なのである。

ある種の動物では、わざと〝弱さ〟を示すことで、他の種に守ってもらおうとすることもある。相手に勝負を吹っかけるのではなく、リングから降りてしまうという戦術だ。あなたがリングから降りてしまえば、戦うべき相手はいなくなる。つまり、無用な争いは一切起こらないのである。

筆者は、この「リングアウト」という戦術をよく使う。特に、妻と口論になりそうな場合などは、さっさとリングから降りてしまう。議論をすれば、おそらくは筆者が勝つだろうと思われることでも、そんなことをしても意味がないので、「キミのやりたいように、気のすむようにしていいよ。僕は何も反対しないから……」と言ってしまう。すると妻のほうも毒気を抜かれるというか、いくぶん素直になって、今度は筆者の意見にも耳を傾けてくれるようになるのだ。こうなれば、筆者の作戦勝ちである。

を使っても効果が見られないとしても、議論は避けよう。あなたの基本戦術は、リングを降りることなのだから。

上司は、やはり上司である。上司をやりこめてみたところで、あなたに益することは何もない。「上司をやっつけた!」ということは、あなたにとって一時的な快感をもたらすかもしれないが、その後が怖い。むしろ、円満な関係を保持したほうが、結果としてみると、うまくいくようだ。

日本人にはもともと議論をするという習慣がないので、「論理性」だけで議論が成り立つことはない。そこには、**必ず「感情」が出てくるので、それがしこりとなって残る危険を重視しなければならない。**とりわけ、「あと5年もすれば、お前もわかるよ」とか「若いヤツには、こういう問題は見えにくいんだ」というような、論理とはまるで関係のないところで議論を始めようとする上司の場合には、リングアウトが最も効果的だろう。

「なるほど、課長の意見は、〝参考〟にさせていただきます」とか「企画書に〝反映〟させてもらいます」などとあいまいな言葉でリングアウトしたほうが、感情的なしこりがどこにも残らず、上司に気に入られることができるはずである。

何かを頼むときには、〝先に〟謝礼する

仕事をしていると、どうしても誰かに頼みごとをしなければならない場面が出てくる。自分ひとりでビジネスはできないのだから、「人にモノを頼む」ことは不可避である。そんなとき、相手に言うことを聞いてもらう返礼として、贈り物や、謝礼をしなければならなくなるわけだが、ちょっとしたコツとして、「事前に謝礼する」というテクニックがあることを覚えておこう。これを「事前謝礼法」と言う。

たいていの人は、相手が言うことを聞いてくれた〝後〟で、謝礼をしようとする。これは、商品を受け取ってから、代金を払うのと似ている。だが、このやり方は本当にいいものなのかというと、決してよい方法ではない。

相手に謝礼するのなら、相手が行動を起こす「前」のほうがいい。どうせ謝礼を渡

すのなら、前もってあげてしまったほうが説得のしやすさも違ってくるし、相手のやる気も違ってくるのだ。たとえば、部下に頼みごとをしようとして、「あとでメシでも奢《おご》るからさ」と言う先輩と、きちんと食事を奢ってくれてから頼みごとをする先輩がいるとしたら、部下がやる気を出して言うことを聞いてくれるのは、後者のほうだ。

筆者が講演会に呼ばれていくときも、講演の前に、謝礼をもらってしまったほうが、なんとなく嬉しい気分でスピーチをすることができる。「謝礼をもらったんだから、がんばらなくては！」という気合が入るのだ。その点、「後日、振り込みますから」などと言われると、なんとなく気分が乗らないのである。

筆者がコンサルタントの仕事をするときもそうで、あらかじめ半分の謝礼をもらってしまうと、どうしても仕事の手を抜けない。謝礼をもらうのが2カ月後とか、4カ月後などと言われると、ついつい気がゆるんでしまう。

事前謝礼のほうが、事後よりも効果的であることは、米国のサーベイ・リサーチ・グループの所長であるサンドラ・ベリー博士たちによっても確認されている。

彼らは、健康に関する国勢調査の一環として、２１４７名の医者にアンケートを郵送したのだが、謝礼として20ドルを同封してあげてしまう条件と、「アンケートを回答してくださったら、〝あとで〟20ドルをお渡しします」と約束するだけの条件で、その返信率を比較してみたのである。すると、前もって謝礼をあげてしまう条件では、78％の医者がアンケートを返送してくれたのに対して、謝礼を約束するだけであげなかった条件では、66％しか返送してくれなかったのだ。

人に何かを頼むときには事前謝礼法がいい、ということがこの実験からも明らかである。どうせ謝礼をするつもりなら、せめてその半分でも、謝礼しておくと、相手の心構えが違ってくる。「先に謝礼をしてしまうと、もし相手が言うことを聞いてくれないときに、大損をしてしまうではないか」と考えるのは、ダメである。それは相手への不信感を示しているわけで、そういう不信感は、相手にも伝わってしまう。逆に、**事前謝礼をすると、「キミのことを信じているから、僕は前もって謝礼をしても安心なんだよ」というアピールもできるわけで、これが相手のやる気を高めるのだ。**

食事をするときにも、タクシーに乗るときにも、ホテルに泊まるときにも、「先に払っておくよ」とでも言えば、相手のサービスも少しは違ってくるだろう。どうせ謝礼をするのなら、最初にあげてしまったほうが、相手からのサービスを引き出す効果があるわけである。どちらがトクなのかは、いうまでもないだろう。

別れのタイミングは、会話が盛り上がったとき

別れ際というのは、けっこう難しい。**去り際の印象というのは、かなり記憶に残りやすい**ので、会話が終了しているのに、モタモタしていたり、グズグズしていると、どんどん印象が悪くなってしまうのである。とはいえ、あまりにあわてて立ち去ろうとすると、なんとなくせわしない人間であるかのように思われてしまう。

では、どういうタイミングで辞去《じきょ》すればいいのかという問題が出てくるわけだが、**相手と別れるときのタイミングは、「会話が一番盛り上がったところ」が目安になる。**会話が盛り上がって、少しずつ下がりはじめようとするくらいのタイミングが、あなたが辞去するのに最も適したタイミングなのだ。

会話が盛り上がっているところで、「そろそろお暇《いとま》いたします」とあなたが言えば、

どうなるか。きっと、相手は〝物足りなさ〟を感じるに違いない。もっとお話をしたいという気持ちが強いからである。だから、あなたが「今度、また来月にゆっくりお話をしましょう」と言えば、相手はOKしてくれる。まだまだ話し足りない人は、次回の約束をすんなり受け入れてくれるのだ。

これを心理学では、旧ソ連の心理学者の名前をとって、「ゼイガルニク効果」と呼んでいる。気持ちが高ぶったところで中断されると、そういう感情は記憶に残りやすいのである。ドイツの心理学者トーマス・ゴシュケ博士たちも、この効果がたしかに見られることを追認《ついにん》している。

たとえば、ドラマや漫画では、最高潮に盛り上がってきたところで、「お楽しみは次回」ということで、いきなり中断してしまう。なぜそんなことをするかというと、そうやって中断したほうが、視聴者や読者にいつまでも記憶してもらえ、翌週まで興奮や感動を引っ張ることができるからである。

お互いにもう話すことがなくなっているのに、いつまでも一緒にいるべきではない。打ち合わせにしろ、商談にしろ、**無意味な沈黙が20秒以上もつづくようなら、もはや辞去するタイミングはずいぶん過ぎているのだと思ったほうがいい。**もっと早く、立ち去るべきだったのだ。

筆者が雑誌の取材を受けるときには、たいてい1時間のスケジュールでやらせてもらっている。しかし、なかには30分ほどで取材が終わってしまうこともある。そんなときは、「せっかく時間をとってあるんだから……」とウダウダせず、楽しい話題をひとつ、ふたつ出して楽しませてから、「今度また、もっと面白い話をお聞かせしますよ」と腰をあげてしまう。**相手の顔に、「もっと話が聞きたいのに……」という残念そうな表情が浮かぶくらいのほうが、いい印象を残せる場合が多いのだ。**

会話が盛り上がってきて、お互いに興奮、歓喜の感情が残っているときにお別れするようにすると、心地よい余韻《よいん》がしばらくつづき、「あの人は、なんて素晴らしいんだろう」という評価が高まる。相手が退屈しているときに辞去すると、「退屈な人だった」という評価を受けやすいので、なるべく盛り上がっているときに帰るとよいだろう。

話が終わっているのに、いつまでも腰をあげないと、相手もイライラしてくる。辞去するのがヘタな人は、往々にして、次回からは「招かれざる客」になってしまうので、盛り上がった気分を中断するようなタイミングで辞去するのがポイントである。

〝データ〟をとって、「人たらし」度をアップさせる

本書もこれが最後の項目になってしまった。

本書では、いろいろな「人たらし」の技術を紹介しているが、最後にとても大切なことを述べておく。それは、どんな人と会うときにも、必ず「データ」をとっておくことである。自分自身が、どんな発言をしたのか、どんな身振りをしたのかはもとより、それに対する相手の反応もじっくり観察して、その記録をつけていくのだ。**毎回、人に会うことが、そのまま〝実験〟なのだと考えるクセをつけよう。**

データをとるからこそ、規則性、つまりは人間関係の「鉄則」を発見できる。どうすると嫌われるのか、どうすれば好かれるかは、正直なところ、〝実験〟によってしかわからない。

実験をしてみないことには、すべてが正論に見える。たとえば、「とにかくはしゃいで人を盛り上げる」という作戦は、なんとなく好かれそうである。しかし、その反対に、「無口で落ち着いた雰囲気」を出す作戦のほうが、人によってはよいかもしれない。

個々の人の性格によって、どちらの作戦のほうが身につきやすいかは違ってくる。性格的に明るい人は、「はしゃいで盛り上げる」作戦をとるのがいい。しかし、それでさえ、きちんと実験をしてみて、データをとってみないことにはわからない。自分では「はしゃぐ」作戦がいいと思っていても、実際には、その反対に「落ち着いた雰囲気」を演出したほうが、ずっと好かれるかもしれないからだ。だからこそ、データをとって比較してみるべきなのである。

筆者自身は、自分自身をサンプルにした〝実験〟をくり返した結果として、「明るく陽気にふるまう」戦術が、人に好かれるコツであるという結論に達した。静かに落ち着いたふるまいをするより、そちらのほうが、「先生といると楽しいですね」と言ってもらえることに気づいたのである。だから、人に会うときには、たとえ風邪を引いていようが、気分が落ち込んでいようが、楽しくゲラゲラと笑うようにしている。

筆者にとっては、こういうふるまいが一番しっくりくるのだ。

しかし、これと同じことをすれば、絶対に好かれるかというと、それも人によるだろう。だからこそ、読者のみなさんには、自分自身で、あれこれと「人たらし」の技術を試していただき、最も自分に合った法則を見つけてほしいのである。

本書では、人たらしになるためのセリフや戦術をたくさん紹介しており、それぞれに心理学的な裏づけがあるのだが、だからといって万人に当てはまるかというと、そんなことはない。だからこそ自分で実験をやってみて、「なんとなく、これは使いにくい」とか「これはうまくいく」というようなことを肌で感じてほしいのである。そして、きちんとデータをとってほしいのである。

人と会うのは、〝実験〟にほかならない。だからこそ、「今度こう言ったら、いったい向こうはどう出てくるだろう」と考えながら対応してみる必要がある。いきあたりばったりの付き合い方をしているうちは、人間関係のスキルは身につかない。

では、データのとり方について一言述べておこう。実験とかデータという言葉を聞くと、何やら難しそうな感じもするが、相手に喜んでもらえたかどうか、相手の発言数はどれくらいだったか、笑顔を見せてくれたかどうか、メールを送ったらすぐに返信がかえってきたかなどを確認するだけである。これなら難しくはない。

筆者自身は、仕事がらみで会った人から、その日のうちに、「本日はお疲れ様でした。またお話をお聞かせください」というメールをいただけるかどうかで、相手をどれくらい楽しませたのかを判断している。感謝のメールがもらえなかったということは、自分の話のネタがつまらなかったのだ、と勝手に判断している。こんな簡単なことでも、けっこういろいろなことがわかるものである。

人をどれくらい喜ばせたのかというデータをとるようにすると、「自分」というものが、よく見えてくる。自分なりの人付き合いの法則というか、既製品の法則ではなく、〝自分だけの法則〟がわかってくるのだ。これが、みなさんの人たらしのスキルに、さらに磨きをかけていく。

どうかがんばってみてほしい。人たらしの道に、終わりはないのだ。

おわりに

最近、なぜか筆者のもとには「ワル」とか「悪」というテーマでの執筆依頼が多い。今回も、その流れの一環《いっかん》である。どうしてなのかは、筆者自身もよくわからないのだが、なぜか「ワルな心理学者」という評判が確立されつつあるようだ（そろそろ確立されてしまいそうである）。ビジネス誌での取材依頼は、たいていそれっぽい企画ばかりであるし、「ワル」と「悪」がタイトルに入っている本の原稿をたてつづけに3冊書いた。やはり、ずる賢《がしこ》い心理技術をメインにしたものになりそうだ。

なんとなく言い訳がましくなってしまいそうだが、筆者はとても誠実な性格であって、二枚舌を使ったり、平気でウソをついたり、借りたお金を返さないような人間ではない。本書で紹介している心理技術も、オーソドックスで、ソフトなものを中心にしている。人たらしと呼ばれる人たちが、日常的に使っているものばかりではないだろうか。つまり、これっぽっちも「ブラックではない」のである。

of accounts following transgression. Social Psychology Quarterly, 46, 213–219.

□ロビンズ, S. P.（清川幸美訳）2002　マネジメントの正体　ソフトバンクパブリッシング

□Sara, S. & Otta, E. 2001 Different types of smiles and laughter in preschool children. Psychological Reports, 89, 547–558.

□Sarbaugh-Thompson, M. & Feldman, M. S. 1998 Electronic mail and organizational communication: Does saying "Hi" really matter? Organization Science, 9, 685–698.

□Solano, C. H. & Dunnam, M. 1985 Two's company: Self-disclosure and reciprocity in triads versus dyads. Social Psychology Quarterly, 48, 183–187.

□Swan, W. B., Jr., Seroussi, A. S., & Giesler, R. B. 1992 Why people self-verify? Journal of Personality and Social Psychology, 62, 392–401.

□Wayne, S. J. & Liden, R. C. 1995 Effects of impression management on performance ratings: A longitudinal study. Academy of Management Journal, 38, 232–260.

□Wayne, S. J. & Kacmar, K. M. 1991 The effects of impression management on the performance appraisal process. Organizational Behavior and Human Decision Processes, 48, 70–88.

□吉川肇子　1989　悪印象は残りやすいか？　実験社会心理学研究, 29, 45–54.

global virtual teams. Organization Science, 10, 791–815.
□Jones, A. S. & Gelso, C. J. 1988 Differential effects of style of interpretation: Another look. Journal of Counseling Psychology, 35, 363–369.
□カラス, G.（片山耕一訳）1994　営業の達人　ダイヤモンド社
□Kaplan, K. J., Firestone, I. J., Degnore, R., & Moore, M. 1974 Gradients of attraction as a function of disclosure probe intimacy and setting formality: On distinguishing attitude oscillation from attitude change-Study One. Journal of Personality and Social Psychology, 30, 638–646.
□Kellerman, J. Lewis, J., & Laird, J. D. 1989 Looking and loving: The effects of mutual gaze on feeling of romantic love. Journal of Research in Personality, 23, 145–161.
□Leary, M. R., Rogers, P. A., Canfield, R. W., & Coe, C. 1986 Boredom in interpersonal encounters: Antecedents and social implications. Journal of Personality and Social Psychology, 51, 968–975.
□Miller, R. L., Bickman, P., & Bolen, D. 1975 Attribution versus persuasion as a means for modifying behaviors. Journal of Personality and Social Psychology, 31, 430–441.
□Murstein, B. I. 1971 Self-ideal-self discrepancy and the choice of marital partner. Journal of Consulting and Clinical Psychology, 37, 47–52.
□ナーグラー, B. &アンドロフ, A.（井上篤夫訳）1998　ビルとアンの愛の法則　講談社＋α文庫
□Nosanchuk, T. A. & Lightstone, J. 1974 Canned laughter and public and private conformity. Journal of Personality and Social Psychology, 29, 153–156.
□Pandey, J. & Singh, P. 1987 Effects of machavellianism, other-enhancement, and power-position on affect, power feeling, and evaluation of the ingratiatory. Journal of Psychology, 121, 287–300.
□Riordan, C. A., Marlin, N. A., & Kellogg, R. T. 1983 The effectiveness

【参考文献】

本書の執筆に際しまして、以下の文献を参照いたしました。

□相川充 2003「人づきあい」の心理戦術　三笠書房／知的生きかた文庫

□Berry, S. H. & Kanouse, D. E. 1987 Physician response to a mailed survey. Public Opinion Quarterly, 51, 102–114.

□Chebat, J-C., Chebat, C. G., & Dorais, S. 2003 Missing information can be persuasive. Psychological Reports, 92, 1043–1052.

□Claxton, R., Vecchio, S. D., Zemanek, J. E., Jr., & McIntyre, R. P. 2001 Industrial buyer's perception of effective selling. Psychological Reports, 89, 476–482.

□Decker, W. H. & Rotondo, D. M. 1999 Use of humor at work: Predictors and implications. Psychological Reports, 84, 961–968.

□Forgas, J. P. & Moylan, S. 1987 After the movies: Transient mood and social judgments. Personality and Social Psychology Bulletin, 13, 467–477.

□Gergen, K. J., Ellsworth, P., Maslach, C., & Seipel, M. 1975 Obligation, donor resources, and reactions to aid in three cultures. Journal of Personality and Social Psychology, 31, 390–400.

□Goschke, T. & Kuhl, J. 1993 Representation of intentions: Persisting activation in memory. Journal of Experimental Psychology: Learning, Memory, and Cognition, 19, 1211–1226.

□Gould, S. & Penley, L. E. 1984 Career strategies and salary progression: A study of their relationships in a municipal bureaucracy. Organizational Behavior and Human Performance, 34, 244–265.

□Handy, C. 1995 Trust and virtual organization. Harvard Business Review, 73, 40–50.

□福島英　1995　人に好かれる声になる　祥伝社／ノン・ブック

□Iverson, R. D. & Pullman, J. A. 2000 Determinants of voluntary turnover and layoffs in an environment of repeated downsizing following a merger: An event history analysis. Journal of Management, 26, 977–1003.

□Jarvenpaa, S. L. & Leidner, D. E. 1999 Communication and trust in

本作品は小社より二〇〇五年九月に刊行されました。

内藤誼人（ないとう・よしひと）

心理学者。立正大学特任講師。慶應義塾大学社会学研究科博士課程を修了。有限会社アンギルド代表として、コンサルティング業務を行う一方、執筆業にも力を入れる心理学系アクティビスト。趣味は昆虫採集、釣り、ガーデニング。

著書には『人は「暗示」で9割動く!』（すばる舎）、『人の心は9割読める』（あさ出版）、『交渉力養成ドリル』（ダイヤモンド社）、『「人たらし」のブラック謝罪術』『「人たらし」のブラック交渉術』『図解「人たらし」のブラック心理術』（以上、大和書房）などがある。

●携帯サイト「カリスマ★内藤誼人」
http://naitou.uat.ne.jp

だいわ文庫

「人《ひと》たらし」のブラック心理術《しんりじゅつ》
初対面《しょたいめん》で100%好感《こうかん》を持《も》たせる方法《ほうほう》

著者　内藤誼人《ないとうよしひと》

二〇〇八年九月一五日第一刷発行
二〇二〇年一月五日第三二刷発行

発行者　佐藤靖
発行所　大和《だいわ》書房
東京都文京区関口一-三三-四　〒一一二-〇〇一四
電話　〇三-三二〇三-四五一一

ブックデザイン　鈴木成一デザイン室
本文デザイン　村橋雅之
装画・本文イラスト　Shu-Thang Grafix
本文印刷　シナノ
カバー印刷　山一印刷
製本　ナショナル製本

ISBN978-4-479-30195-0
乱丁本・落丁本はお取り替えいたします。
http://www.daiwashobo.co.jp